Photographies : Pascal Dolemieux/Métis
L'auteur remercie Jean-Claude Bourgault

3, rue Bayard, 75008 Paris
ISBN : 2 7470 1442 8
Dépôt légal : mai 2004
Imprimé en Espagne

Loi 49-956 du 16 juillet 1949
sur les publications destinées à la jeunesse.

J'ai vécu

6 juin 1944

LE DÉBARQUEMENT EN NORMANDIE

Pierrette Rieublandou

BAYARD JEUNESSE

Crédits photographiques et illustrations

Les portraits actuels de Ted Liska, Johannes Börner et Léon Gautier ont été réalisés par **Pascal Dolemieux**. Les objets, les documents et les photos qui illustrent leurs témoignages sont leur propriété. Pascal Dolemieux les a photographiés pour cet ouvrage. La collection personnelle de Léon Gautier est pour partie conservée au musée de Ouistreham.

Couverture et page 88 : **Robert Capa R / Magnum Photos**
Page 78 : **US National Archives / Roger-Viollet**
Page 81 : **ECPAD**
Pages 82, 90 (haut), 90 (milieu), 91 (haut) : **US Army / Mémorial de Caen**
Page 84 : **collection privée / Mémorial de Caen**
Pages 85 (haut), 90 (bas) : **Imperial War Museum de Londres**
Pages 85 (bas), 87 : **Archives nationales du Canada / Mémorial de Caen**
Page 86 : Fac-similé, avec l'aimable autorisation du **Mémorial de Caen**
Pages 89 et 91 (bas) : **Keystone-France**

Illustrations (page 83) et cartes (pages 88 et 92) : **Hugues Piolet**

Avant-propos

Pourquoi une collection de livres d'histoire basée sur des témoignages et destinée aux adolescents ? Parce qu'elle est au cœur de notre projet : mettre en contact les jeunes lecteurs avec le monde, le leur faire comprendre, leur donner envie d'y vivre pleinement.

La collection « J'ai vécu » veut raconter le xxe siècle à travers les événements les plus terribles qui l'ont secoué.

Les témoins que nous rencontrons transmettent la mémoire d'événements tragiques, mais aussi un grand amour de la vie. À travers eux se dessine la formidable capacité de l'humanité à avancer, malgré les oppressions de toutes sortes. Nous sommes loin d'un cours d'histoire, mais nous sommes dans l'histoire. L'histoire incarnée. Vécue.

L'éditeur.

Les personnes qui souffrent le plus lors des guerres, ce sont les enfants, les femmes, les civils.

Les militaires, eux, font leur boulot.

TED LISKA
SERGENT AMÉRICAIN

Je dédie mon histoire à ceux
qui me sont le plus chers,
mes deux fils, Mike et Steve.

TED LISKA

SERGENT AMÉRICAIN

Pourquoi moi ? Pourquoi ai-je survécu, alors que tant de camarades sont morts, ce 6 juin 1944, dans l'enfer du débarquement et plus tard, pendant la bataille de Normandie ?
Ceux qui ont gagné cette guerre, ce sont ceux qui ont donné leur vie pour la liberté. Ils ont accompli le sacrifice suprême. Les autres, les survivants, comme moi, nous n'avons fait que notre travail. Celui pour lequel nous nous étions entraînés. Moi, j'ai eu de la chance, je m'en suis sorti. Je remercie le Seigneur d'avoir été épargné. Je ne sais pas pourquoi eux sont morts, et pas moi. Je me le demanderai toujours. Je suis un Américain comme beaucoup d'autres. Jamais je n'aurais imaginé que la Normandie deviendrait mon deuxième pays ; que j'y vivrais les heures les plus terribles de mon existence, que j'y rencontrerais des gens merveilleux et que j'y retournerais sans cesse.

Je ne sais pas pourquoi eux sont morts, et pas moi. Je me le demanderai toujours.

Je suis né en 1918, à Chicago, dans une famille de dix enfants (je suis le septième), originaire de Pologne. Nous ne sommes pas très riches, mon père travaille comme ouvrier dans une usine d'acier, et ma mère fait des ménages dans des bureaux. Nous vivons dans une petite maison de deux étages à Chicago. Un de mes frères y habite encore aujourd'hui. Je mène la vie d'un jeune Yankee sans problème. Je vais au lycée et, en fin de semaine, je passe des heures à jouer au base-ball ou à nager avec mes copains dans les rivières du coin. J'espère un jour trouver un job, dans un bureau ou dans un garage, quelque chose comme ça. Juste pour gagner de l'argent et aider mes parents. Je suis très attaché à ma mère. Comme elle ne veut manquer la messe pour rien au monde, je la conduis chaque dimanche en voiture à l'église.

Cette vie plutôt insouciante prend fin le 6 novembre 1941, lorsque je reçois un papier de l'armée m'informant que je dois rejoindre un régiment d'infanterie, au camp Croft, en Caroline du Sud. J'entre dans l'armée comme simple soldat, pour un an. Les États-Unis ne se sont pas encore lancés dans la guerre. Je ne m'affole pas, je me dis qu'un an sera vite passé. Mais un mois plus tard, le 7 décembre 1941, les Japonais

Les insignes que j'ai portés, cousus sur mon uniforme, le jour du débarquement. Ils indiquent que je m'appelle Liska, que je me bats dans l'infanterie (le fusil), et que j'appartiens à la 4e division du 12e régiment (carré de feuilles).

attaquent la base américaine de Pearl Harbor, et les États-Unis entrent en guerre. C'est alors qu'on me dit : vous resterez dans l'armée jusqu'à la fin de la guerre.

Bienvenue dans l'infanterie

Après un entraînement de base dans l'infanterie, qui dure près d'un an, je rejoins, en février 1942, la compagnie D de la 4e division du 12e régiment d'infanterie, au camp Gordon, en Géorgie. Je resterai dans cette compagnie, qui comprend environ 150 hommes, jusqu'au jour où je serai blessé, en août 1944, en Normandie.

Pendant deux ans, de 1942 à 1944, je vais voyager à travers les États-Unis pour suivre différents entraînements. Nous partons d'abord dans le New Jersey, faire des exercices contre les blockhaus, puis nous gagnons la Floride, où nous apprenons à débarquer sur des plages. Nous devons envisager toutes les situations pour faire face à l'ennemi. Un jour, un officier nous dit : « Creusez un trou et cachez-vous dedans. » Nous nous exécutons. Alors, un char se met à rouler sur les trous pendant que nous sommes blottis à l'intérieur. Je n'ose ni respirer, ni bouger, mais c'est plus

Un copain me prend en photo en train de faire semblant de jouer de la guitare. Nous sommes en camp d'entraînement, en Floride, en 1943. Ici, il y a une bonne ambiance, je me suis fait beaucoup de camarades venus de tous les coins des États-Unis.

fort que moi : je tremble de peur.
Une autre fois, je pars avec cinq autres soldats dans un petit bateau pneumatique. Nous avons pour mission de débarquer sur la plage pour repérer les mines, les blockhaus et les lignes ennemies. Tout à coup, je prends conscience de ce que serait un débarquement sur une terre étrangère si nous étions les premiers à mettre pied à terre, aussi peu nombreux et avec un matériel aussi léger. C'est très angoissant.
C'est au cours de cette formation que j'entends parler de nos ennemis d'une façon tout à fait particulière. On nous dit par exemple : « Faites très attention aux Japonais. Ce sont des sauvages, des cannibales ! Prenez garde aussi aux Allemands. Ce sont de bons soldats, de grands professionnels. »
À cette époque, je n'ai pas vraiment réfléchi à ce qu'est le nazisme. La vie militaire me convient. En fait, ce que j'apprécie, c'est la présence de mes camarades. Ils viennent de tous les États des États-Unis. Il y en a de toutes les couleurs, de toutes les religions. Nous discutons entre nous, nous parlons de nos projets. Les uns envisagent, dès la fin de la guerre, de retourner dans leur ferme ; les autres de retrouver leur travail de bureau, leurs études. Moi, je pense à mes parents. Je voudrais revoir ma famille. Nous nous disons tous : pourvu que cette guerre finisse vite.

« Prenez garde aussi aux Allemands.
Ce sont de bons soldats, de grands professionnels. »

Entraînement secret

Une nuit du mois de janvier 1944, nous embarquons sur un immense bateau de l'armée, haut de six étages, le *George Washington*. Nous partons pour l'Angleterre, mais à ce moment-là, aucun de nous ne le sait. Personne ne nous a révélé notre destination. Elle doit rester secrète. Nous sommes 3 000, peut-être 4 000 soldats. Pendant le voyage, regroupés en compartiments d'environ 150 personnes, nous

En entraînement, en Floride. Pour la photo, je me suis installé au volant d'une jeep, ce formidable petit véhicule quatre places, quatre roues motrices, conçu pour l'armée américaine. En fait, je ne l'utilise presque pas. Dans l'infanterie, nous nous déplaçons à pied ou bien en camion !

passons notre temps à attendre, dans un espace très réduit. Nous restons là, sans trop bouger, dans nos trois rangées de hamacs superposés. Nous manquons d'air, ça sent mauvais. Heureusement, chaque jour, nous montons faire quelques exercices sur le pont. Notre nourriture laisse beaucoup à désirer. Au menu de chaque jour : des œufs en poudre ou de la viande en conserve. Alors, forcément, beaucoup de gars sont malades, très malades.

Nous savons que l'océan est infesté de sous-marins allemands, mais nous n'en voyons pas un seul, et notre convoi arrive à destination, sans trop de difficultés, au bout de dix jours.

Nous débarquons le 28 janvier 1944 dans le port de Liverpool ; puis nous gagnons, en camions, un camp militaire à Exeter, dans le sud de l'Angleterre. Nous allons y rester jusqu'à notre départ pour le débarquement de Normandie. Commence pour nous un entraînement intensif. Nous sommes soumis à une discipline assez dure. Nous partons souvent hors du camp faire de longues marches. Mais il nous est interdit d'adresser la parole aux habitants des villages. Nous savons que nous allons participer à un débarquement, mais nous ne savons ni quand, ni où ce débarquement aura lieu. C'est le secret absolu.

Un jour d'avril 1944, le 28 exactement, nous participons à une grande opération d'entraînement appelée « opération Tigre ». Vers 6 h 30 du matin, trois régiments d'infanterie doivent débarquer sur la plage de Slapton Sand, en Angleterre. Cela représente environ 20 000 hommes.

… des Américains tirent sur leur propre flotte. Des bateaux explosent, des gars meurent brûlés, d'autres noyés.

Dès que la péniche de débarquement dans laquelle je me trouve, avec cinquante autres soldats, arrive aux abords de la plage et abaisse son pont arrière, nous sautons sur le sable et nos officiers nous crient : « Avancez, avancez, tout droit ! » Il faut courir, vite. D'autres bateaux, chargés de matériel de guerre, arrivent derrière nous pour débarquer eux aussi. Nous devons dégager le terrain. Mais à ce moment, trois bateaux allemands, alertés on ne sait comment, arrivent à toute vitesse et font feu sur nos camarades qui sont encore dans les bateaux, en train de débarquer. Aussitôt, c'est la panique. Ne comprenant pas d'où les coups partent, des Américains tirent sur leur propre flotte. Des bateaux explosent, des gars meurent brûlés, d'autres noyés. Cet exercice va faire plus de 700 morts. Quatre fois plus que sur la plage d'Utah Beach, le jour du débarquement ! Nous, de l'avant, nous voyons les fumées, nous entendons les tirs, nous croyons jusqu'au bout à un véritable entraînement. Ce n'est que deux ou trois mois après que nous apprenons ce qui s'est réellement passé ce jour-là. Mais on nous donne l'ordre de nous taire. Nous devons garder le secret sur cette opération qui a mal tourné. Nos officiers menacent : « Fermez-la, sinon on vous met en prison et on jette les clefs ! »

La peur au ventre

Nos entraînements se poursuivent au fil des jours. Régulièrement, nous nous réunissons autour d'une grande maquette en carton de 3 mètres sur 3 représentant une plage que les Alliés appellent du nom de code « Utah Beach ». C'est là que notre compagnie doit débarquer, avec des milliers d'autres soldats (mille par heure, environ, pendant 24 heures). Nous devons prévoir où arriveront les bateaux, où descendront les soldats, par où passeront les chars, les transports de matériel, etc. La maquette figure la plage et ses environs dans les moindres détails : les blockhaus,

Voilà tout l'équipement, comprenant aussi des armes : couteaux et machettes, que transporte une jeep. J'ai envoyé cette photo de moi à ma famille, restée à Chicago.

les lignes de communications, les maisons, les églises, les fermes… Mais nous ne savons toujours pas si cette plage se situe près de Calais, de Dieppe ou même en Belgique !

Pour nous, c'est Utah Beach, point final.

Le 3 juin 1944, nous partons en camions pour le port de Plymouth. Nous nous installons dans une caserne d'où il nous est interdit de sortir. Enfin, nos officiers nous annoncent que le moment du débarquement est arrivé et nous distribuent de l'argent français. C'est alors que nous comprenons que cette grande opération pour laquelle nous nous entraînons depuis des mois aura lieu en France.
Le 4 juin, un bateau de transport militaire nous conduit au large et, arrivés à huit kilomètres environ des côtes françaises, nous descendons, par une petite échelle de corde, dans nos péniches de débarquement, les *landing craft infantry*, qui contiennent chacune une cinquantaine de soldats. Nous devons débarquer le lendemain. Mais le temps est tellement mauvais, la mer tellement forte, que les chefs Alliés décident de retarder le débarquement d'une journée.

Mais le temps est tellement mauvais, la mer tellement forte, que les chefs Alliés décident de retarder le débarquement d'une journée.

Il y a alors peut-être 300 péniches de débarquement, chargées de soldats, qui attendent en tournant dans l'eau. Pas question de remonter dans le grand bateau de transport. Nous allons tous rester dans nos péniches, recroquevillés, serrés les uns contre les autres, baissant la tête pour ne pas nous faire repérer de l'extérieur, pendant trente-six heures. Aucun toit pour nous abriter, aucun banc pour que nous puissions nous asseoir confortablement. Les vagues, le brouillard, le vent, les fumées de gazole dégagées par les moteurs qui tournent sans cesse rendent de nombreux soldats malades. Je suis tellement épuisé que je m'endors, par moments, sans même m'en rendre compte. Voilà comment nous passons la veille du débarquement. Je suis sergent, responsable d'un groupe de six hommes. À ce moment-là, dans la péniche, la peur me serre le ventre, mais je ne veux pas le montrer. Sans doute ne suis-je pas le seul à ressentir cela. La plupart de mes camarades se taisent, même les « grandes gueules », qui jusque-là se vantaient qu'ils en auraient vite fini. Tous restent silencieux. Je regarde ces

Voilà les billets que nos officiers nous ont distribués dans le bateau qui nous emmenait vers la Normandie. C'est alors que nous avons compris que nous allions débarquer en France.

Les Américains ont fabriqué cette monnaie, qui a provoqué la colère du général de Gaulle. Il l'a qualifiée de « fausse monnaie ». Nous nous en sommes servi quelque temps, en Normandie, lorsque nous allions prendre un verre, par exemple, dans les cafés. Certains aubergistes nous servaient gratuitement, mais il y avait alors tellement de soldats alliés que les cafés auraient fait faillite si aucun n'avait payé !

jeunes venus de tous les horizons. Nous ne sommes pas des militaires professionnels. Nous sommes entrés dans cette guerre pour faire de notre mieux. Et nos pensées s'envolent vers nos familles, vers la vie que nous avons laissée. Il faut du courage pour être là, dans ce bateau. Mais ce n'est pas le courage qui aide à rester vivant. Cela, je le sais. Alors, je fais une sorte de prière. Je me dis : « Nous qui sommes ici, nous ne serons pas tous vivants demain. Si par hasard je m'en sors, je jure de ne jamais oublier ceux que nous laisserons derrière nous. »
Voilà pourquoi je reviens toujours en Normandie saluer la mémoire de mes camarades qui sont morts pour la liberté. Je ne renoncerais pas pour tout l'or du monde à venir leur rendre hommage chaque année.

Les lettres MP, sur mon brassard, signifient « military police ». En fait, je ne fais pas partie de la police militaire, mais il m'est déjà arrivé de mettre ce brassard pour aller chercher, dans les cafés des environs du camp d'entraînement, un ou deux camarades qui avaient trop bu !

L'enfer des plages

Il est 10 h 30 du matin, ce 6 juin 1944, quand nous recevons l'ordre de débarquer. Cela fait déjà quatre heures que le fracas des bombes, des obus, des mitrailleuses a commencé. Il y a de la fumée, des éclairs, des coups de feu. Notre péniche est coincée au milieu des autres. Enfin, à près de 50 mètres du rivage, nous sautons dans l'eau. Elle est noire, presque boueuse, car les obus ont retourné le sable du fond. Comme je suis grand, l'eau m'arrive à la taille. Certains camarades, plus petits, ont de l'eau jusqu'au cou et doivent avancer en tenant leur sac à dos avec leurs affaires et leur fusil au-dessus de leur tête.
Nous progressons difficilement. Les balles allemandes, tirées des blockhaus, nous sifflent aux oreilles. À la surface de l'eau flottent des débris

Dans notre camp d'entraînement de Floride, en 1943. Avec mon casque et mon fusil, je pose devant le camarade qui me prend en photo. Derrière, on voit une paroi en cordes sur laquelle nous nous entraînons à grimper et à descendre. C'est ce type d'échelle qui va nous servir à descendre des grands bateaux de transport dans les péniches de débarquement.

de bateaux et des corps sans vie. Nous devons regagner la terre le plus vite possible, notre mission est d'apporter de l'aide aux parachutistes alliés qui ont été largués quelques heures plus tôt. Nous avançons, dans un léger brouillard, un bruit terrible et sous une pluie fine. Nous suivons notre capitaine, qui nous crie d'avancer. En posant le pied sur le sable, j'aperçois, parmi les soldats, une silhouette qui parcourt la plage et nous invective : « Go ! Go ! Move fast ! » Je reconnais Théodore Roosevelt Junior, le fils de l'ancien président des États-Unis, le cousin de Franklin Roosevelt, le président d'alors. À la main, il tient une petite canne de marche qu'il agite en tous sens. Derrière lui court un lieutenant, chargé de sa sécurité, une mitraillette à la main. Teddy Roosevelt ne semble pas le voir. Il va et vient, donne des ordres, s'affaire, le bas de son pantalon hors de ses bottes. Le rencontrer comme ça, au milieu de ce chaos, avec cette formidable énergie, c'est fou ce que cela me rassure. C'est un général très populaire parmi les soldats américains.

Go! Go! Move fast!

Au bout de plusieurs minutes, je me rends compte que quelque chose cloche. Je ne reconnais pas l'endroit où nous devions débarquer. Le décor qui m'entoure ne correspond pas à la maquette que nous avons longuement étudiée lors de nos entraînements en Angleterre. Se peut-il que... Eh oui, la 4e division américaine a débarqué à quelques kilomètres du lieu prévu. Un fort

On me voit à droite, dans un trou, avec un copain. Nous nous entraînons à utiliser des mortiers, autrement dit des canons. C'est l'essentiel du travail des soldats de l'infanterie.

courant de marée a fait dévier les bateaux. Mais cette erreur de navigation nous a peut-être sauvé la vie, car les Allemands venaient d'installer de lourdes batteries juste à l'endroit où nous devions débarquer. Le général Roosevelt tranche : « Bon, nous avons débarqué sur la mauvaise plage, mais c'est ici que notre guerre commence. On y va ! Tout droit ! Tout droit ! »

Nous partons en courant sur la plage, le long d'une petite bande de terrain délimitée par un ruban blanc. Quelques heures avant le débarquement, des soldats alliés, membres du génie, sont venus déminer une partie de la plage et ont dégagé ce chemin. Aux alentours, c'est un vrai foutoir. Des centaines de jeeps et de véhicules militaires se ruent sur les dunes.

Au cours de ces mois d'entraînement que nous venons de passer, les officiers nous ont toujours rappelé que nous devions laisser plusieurs mètres entre nous. Ainsi, si un obus nous tombe dessus, il tue moins de soldats que si nous restons groupés. Mais, à ce moment-là, nous courons sans nous préoccuper de cette règle, pressés de quitter ce lieu d'enfer où les balles nous frôlent, où les blessés crient, et où le sang rougit le sable.

Notre capitaine nous encourage : « Allez, les gars, plus que vingt-cinq mètres, ensuite on trouve la route ! » Nous savons qu'après les dunes la voie sera plus accessible, nous nous déplacerons plus facilement. C'est sans compter avec l'acharnement des Allemands. Après les dunes, nous nous retrouvons... dans l'eau ! Nos ennemis ont ouvert toutes les digues et les canaux et ont inondé les terres alentour sur près de deux kilomètres.

Alors, nous gardons nos gilets de sauvetage et nous avançons tant bien que mal dans l'eau, notre sac de

25 kilos sur le dos, comme de gros canards pataudS.
Nous allons marcher comme ça pendant deux heures avant d'atteindre un terrain sec. Quelques gars tombent, touchés par les tirs allemands. Les infirmiers qui suivent notre convoi se précipitent. Il y en a toujours deux ou trois par compagnie, qui avancent, sans armes, avec les soldats, portant une sacoche de secours. Mais il arrive que des blessés se noient. Nous avançons, à découvert, sous les tirs d'obus et de mitraillettes. Quand l'eau nous arrive aux épaules, nous portons nos armes et nos sacs au-dessus de nos têtes. Des tireurs d'élite ennemis visent nos officiers. Ils sont repérables parce qu'ils ont des pistolets ou des jumelles. De leurs blockhaus, les Allemands tirent de préférence sur ces soldats-là.

Il faut tirer !

Nous atteignons enfin un terrain sec et nous continuons de marcher, direction Sainte-Mère-Église, où nous devons apporter de l'aide aux parachutistes qui ont atterri en Normandie quelques heures avant notre débarquement. Il faut gagner du terrain, le plus possible. Dès ce premier jour, je peux dire que la façon dont je considérais

J'ai une obsession : il faut qu'on survive tous ensemble.

nos ennemis a changé. Avant, je voyais en eux de bons soldats, très professionnels. Mais quand, en avançant dans les terres, j'ai vu des parachutistes accrochés dans les arbres, dont certains avaient été égorgés, d'autres brûlés et laissés là, volontairement, comme une menace ou une vengeance, alors je me suis dit qu'un bon Allemand était un Allemand mort. J'ai dit à mes hommes : « Tirez, ne pensez pas à autre chose. Tirez avant qu'ils ne vous tirent dessus. »
J'ai une obsession : il faut qu'on survive tous ensemble. Malheureusement, je vais perdre quatre camarades au cours des combats dans les jours qui vont suivre. Au moment de débarquer, quelques heures plus tôt, certains de mes hommes m'avaient dit :

Dans mon trou, je m'entraîne à charger un petit canon. C'est fou ce qu'un soldat peut faire comme trous dans la terre ! Pour s'y cacher, pour y tirer, pour y dormir...

« Écoute, Sarge (il m'appellent comme ça parce que je suis leur sergent), nous allons rester derrière toi, comme ça nous ne serons pas touchés. » Il faut dire que je suis plus grand qu'eux. Je comprends tout à fait cette attitude. Mes copains Joseph, Nat, Peter, Robert et les autres veulent une seule chose : vivre.

Comme eux, je fais tout ce que je peux. Ce premier jour, nous nous arrêtons vers 10 heures du soir. Depuis le matin, nous avons parcouru... 5 kilomètres. Épuisés, nous creusons dans la terre des trous d'environ un mètre de profondeur et nous nous installons là, deux soldats par trou, pour nous reposer. Nous avons appris à dormir de cette façon. À deux, nous courons moins de risques. Si quelque chose d'anormal se passe, l'un des deux peut alerter l'autre. Quand on vit de telles situations, on a parfaitement conscience que sa vie dépend de celle des autres. Voilà donc ma première nuit en France : dans un champ, au bord d'une haie, non loin du village d'Audoville-la-Hubert. Mais comment dormir, trempé, épuisé, avec, plus loin, les tirs des fusées éclairantes qui, bien qu'ayant diminué, continuent à sillonner le ciel ? Comment dormir alors que les obus labourent le sol aux alentours ? Comment dormir avec en tête l'image de ces soldats que nous avons croisés, les tripes à l'air, qui appelaient leur mère en mourant ?

La guerre des haies

Commence pour nous la bataille de Normandie. Nous marchons à travers les prés et les petits chemins ; il faut éviter les routes, qui sont pilonnées par les tirs de l'artillerie

ennemie.
Nous faisons nos premiers prisonniers allemands. Cela me trouble de voir ainsi l'ennemi de près. Après les horreurs auxquelles je viens d'assister, je m'en suis fait l'image de monstres. Et voilà que j'ai devant moi des corps, des voix, des regards, des humains, sales et épuisés, qui nous ressemblent. Moi, je pense : « Ils ont de la chance. Ils

Est-ce que je tue des Allemands ? Oui, sans doute, bien que je ne le voie pas…

ont la vie sauve, et pour eux la guerre est finie. » Certains ont entre 16 et 18 ans, d'autres 50 ans. Comme la guerre est cruelle ! Oui, il arrive que des soldats alliés tuent des prisonniers allemands. De temps en temps, un gars part avec quelques Allemands pour les emmener au camp de prisonniers. Il revient seul, presque aussitôt. Personne ne demande alors ce que sont devenus les prisonniers.
Nous vivons « la guerre des haies ». Il faut se cacher derrière les buissons, et surprendre l'ennemi. Est-ce que je tue des Allemands ? Oui, sans doute, bien que je ne le voie pas, dans l'agitation des batailles. Je tire, je lance des grenades et des mortiers. Au cours des jours qui suivent, trois de mes hommes meurent au combat, et un autre est blessé. Oui, la guerre est cruelle. Parfois, certains soldats craquent, veulent déserter. Mais ils se reprennent. Nous avons un travail à faire. Nous pensons toujours à notre vie après.
Quand nous prenons un peu de repos, adossés aux arbres du bocage normand, nos discussions varient peu. L'un dit : « Quand la guerre sera finie, je me marierai » ; un autre : « Moi, j'ouvrirai une pompe à essence »…
Peu à peu, nous rejoignons les parachutistes des 82e et 101e Airborne, épuisés, écorchés, parfois complètement paumés, qui finissent par se rassembler. Ils nous racontent que bon nombre d'entre eux ont été mitraillés en plein saut, d'autres sont tombés dans les marécages, d'autres

dans la mer. Pour eux aussi, le débarquement a été terrible.
Au fil des jours, nous poursuivons notre avancée. Nous devons rejoindre Cherbourg pour participer à sa libération. Les Alliés ont besoin de ce port pour débarquer du matériel militaire. Nous sommes pressés d'en finir, et très fatigués. Mais nous avons le sentiment que rien ne pourra nous faire partir avant que nous ayons fini notre travail. Nous avons prévu d'arriver à Cherbourg, à 35 kilomètres de là, en dix jours. En fait, nous mettrons trois semaines. Nous passons par Montebourg, un petit village dévasté par les bombardements. Mais il nous faut trois jours de combats pour le prendre. Les Allemands sont partout.

Accueillis au calva

Parmi les images de la Normandie qui me frappent le plus, ce sont des vaches mortes, les pattes en l'air. Jamais je n'ai vu ça auparavant. Elles ont dû recevoir un obus. Il est rare de voir du bétail mort, car les gens l'utilisent pour la viande. Les paysages aussi me surprennent. Ils ne ressemblent en rien à ce que je connais. Tous ces petits prés, ces petites haies, ces petites fermes en pierre au sol de terre battue ! Moi, je suis familier des grands espaces américains, avec leurs fermes en bois au sol couvert de planches. Ici, les animaux, vaches et poules, vivent

Un peu de repos avant de reprendre l'entraînement. On lit un peu, on s'occupe de son courrier, on discute avec les autres. Ma famille me manque, bien sûr, mais la vie militaire me convient. J'aime parler avec mes camarades de nos projets, de notre vie. Nous souhaitons tous que cette guerre finisse vite.

dans une pièce à côté des fermiers. Et toute cette boue partout ! Cela me semble assez exotique et un peu primitif.
Mais il y a surtout les gens, les paysans, qui nous accueillent formidablement. Beaucoup se sont cachés à la suite des premiers bombardements. Mais quand ils voient l'insigne « US Army » sur nos uniformes, ils se mettent à crier : « Américains ! Américains ! Bravo ! » Beaucoup nous embrassent. Pour nous, c'est très déconcertant. Aux États-Unis, quand deux personnes se disent bonjour, elles se serrent la main. Ici, les gens nous touchent, nous prennent le bras, nous donnent un baiser sur la joue. Nous trouvons cela un peu étrange, mais très sympathique. J'apprécie beaucoup la générosité de ces gens-là. Ils se ruent dans leur maison pour nous rapporter des pommes, du cidre et, surtout, du calvados, ou plutôt du calva, comme ils disent. Je connais le whisky, la vodka, le gin, mais jamais je n'ai entendu parler du calva. C'est incroyable comme cela nous chauffe, là, à l'intérieur ! Rien de mieux pour nous donner du courage ! Nous vidons nos bidons d'eau, et les fermiers les remplissent de calva. Mais c'est tellement fort que nous le coupons avec de l'eau. Tous ces gens paraissent heureux de nous voir. Je ne les ai jamais oubliés. Ils nous ont beaucoup encouragés à finir cette guerre.
Une fois cependant, l'un d'eux nous dit : « Vous en avez mis, du temps, à arriver ! » Cela me sidère. Un débarquement de cette envergure, ça ne s'improvise pas, et puis, les Américains avaient aussi une guerre à mener, dans le Pacifique !

... rien ne pourra nous faire partir avant que nous ayons fini notre travail.

Toujours, avancer

Petit à petit, nous progressons à travers la Normandie. Nous atteignons Cherbourg, après Tourlaville, le 25 juin. Là aussi, la bataille est rude. Nous apercevons, sur les collines, les blockhaus allemands ; tous leurs canons sont dirigés vers la mer. Nous, nous arrivons par-derrière. Ils ne peuvent pas faire grand-chose. Enfin, nos officiers nous disent qu'il est temps de prendre un peu de repos. Après la prise de Cherbourg, tous les soldats de notre division sont épuisés. Depuis le 6 juin, nous n'avons fait que marcher, nous battre et dormir dans des trous ou sous nos petites tentes. Nous n'avons pas vraiment souffert du froid, mais il a plu souvent, et nous avons passé beaucoup de temps trempés et couverts de boue. Nous nous retirons donc dans un petit camp à Carentan, où nous pouvons enfin dormir et manger chaud. Cinq jours plus tard, nous recevons l'ordre de repartir. Direction Saint-Lô, Coutances et Avranches. Pour nous, la bataille de Normandie continue. Nous gagnons très difficilement Saint-Lô, à travers le bocage. Les combats sont violents, l'avancée fatigante. Les armées allemandes ont commencé à se regrouper dans la région. Le 25 juillet, mes camarades et moi sommes pris dans la grande bataille de Saint-Lô. Terrifiante, destructrice. À un moment, alors que nous sommes quelques-uns, cachés dans un trou, nous voyons les avions alliés passer au-dessus de nos têtes. Nous nous réjouissons : 500 à 1 000 avions américains participent à la bataille. Mais il arrive alors l'une des erreurs les plus graves de l'histoire du débarquement : les avions américains se mettent à bombarder les troupes américaines ! Des fusées fumigènes ont bien été lancées par les troupes américaines pour indiquer leur emplacement afin que les avions tirent à côté. Mais des vents ont dévié ces fumées. Près de cent Américains vont ainsi trouver la mort à Saint-Lô, tués par les bombes de leur propre camp. Parmi eux, un officier important, chef de toute l'infanterie débarquée, le général Lesley Mac Nair, qui est aujourd'hui enterré en

Mais lors d'une bataille, je reçois une pièce d'artillerie allemande dans la jambe, au-dessus du genou.

Normandie, à Omaha Beach.

Nous avançons, encore et encore. Le 10 août, nous arrivons à Mortain. Lors d'une bataille, alors que je me cache derrière une haie, je reçois une pièce d'artillerie allemande dans la jambe, au-dessus du genou. Je tombe et j'appelle à l'aide. Un gars de la Croix-Rouge arrive aussitôt. Il met une poudre blanche sur la plaie pour la désinfecter, me fait une piqûre de morphine et me dit : « Nous allons devoir vous évacuer car vous ne pouvez pas marcher. » Moi, en grand sergent de l'armée américaine, je rétorque : « Non, vous ne pouvez pas m'obliger à m'arrêter, je continue, je peux marcher ! » Je me lève, je fais un pas... et je m'écroule, dans la bouse de vache ! Cela ne sert à rien d'insister.

Un lieutenant et un infirmier viennent me mettre dans un brancard, et nous voilà partis, avec quelques autres, sur un petit chemin pour rejoindre une jeep, à 500 mètres de là, qui me transportera à l'hôpital militaire le plus proche.

Nous avons fait quelques dizaines de mètres lorsque nous tombons sur un barrage d'artillerie allemand. Aussitôt, les camarades me posent par terre, comme ça, dans mon brancard, sans même une couverture, et se mettent à tirer pour nous défendre. Je trouve ma position particulièrement inconfortable !

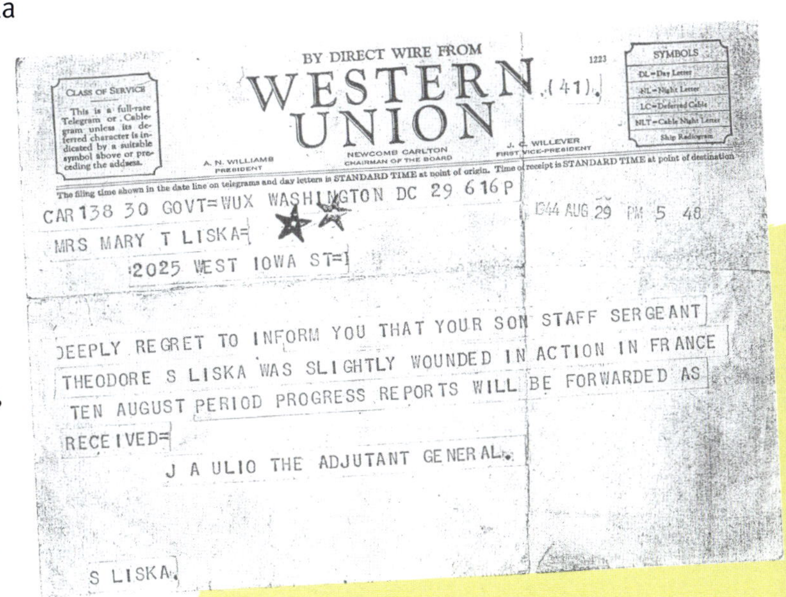
BY DIRECT WIRE FROM
WESTERN UNION
(41)
CLASS OF SERVICE
This is a full-rate Telegram or Cablegram unless its deferred character is indicated by a suitable symbol above or preceding the address.
A. N. WILLIAMS PRESIDENT
NEWCOMB CARLTON CHAIRMAN OF THE BOARD
J. C. WILLEVER FIRST VICE-PRESIDENT
SYMBOLS
DL=Day Letter
NL=Night Letter
LC=Deferred Cable
NLT=Cable Night Letter
Ship Radiogram
The filing time shown in the date line on telegrams and day letters is STANDARD TIME at point of origin. Time of receipt is STANDARD TIME at point of destination

CAR138 30 GOVT=WUX WASHINGTON DC 29 616P
1944 AUG 29 PM 5 48
MRS MARY T LISKA=
2025 WEST IOWA ST=

DEEPLY REGRET TO INFORM YOU THAT YOUR SON STAFF SERGEANT THEODORE S LISKA WAS SLIGHTLY WOUNDED IN ACTION IN FRANCE TEN AUGUST PERIOD PROGRESS REPORTS WILL BE FORWARDED AS RECEIVED=
J A ULIO THE ADJUTANT GENERAL.

S LISKA.

Voilà le télégramme que l'armée a envoyé à ma mère : « Nous sommes au regret de vous informer que votre fils, le sergent Théodore S Liska, a été légèrement blessé au combat en France le 10 août. Nous vous informerons des progrès de sa situation dès que nous le pourrons. » J'imagine l'inquiétude qu'elle a dû éprouver...

J'ai rencontré le général Eisenhower, qui a commandé tout le débarquement et est devenu plus tard président des États-Unis. En 1963, il est venu en France pour préparer les célébrations du 20e anniversaire du débarquement. Je lui ai servi de guide et d'interprète. Quand il m'a vu, il m'a dit : « Boy, it's good to see that uniform again. » (Ça fait du bien de revoir cet uniforme.)

Quand les tirs cessent, deux de mes camarades sont blessés. Ils m'ont sauvé la vie.

Nos rêves de paix

Ils me conduisent à l'hôpital militaire de Carentan, à 50 kilomètres de là. On m'apporte les premiers soins et on m'évacue par bateau-hôpital en Angleterre. J'arrive bientôt au village de Coventry. Je vais y rester trois mois. J'aurais pu être soigné par greffe. Mais ma convalescence aurait pris plus de 90 jours et dans ce cas, c'est la règle, il aurait fallu me rapatrier aux États-Unis. Alors, les médecins ont juste recousu ma plaie ; d'ailleurs, j'ai toujours une grande cicatrice. Au bout de 89 jours, ils me disent : « C'est bon, sergent Polak (c'est le surnom qu'ils me donnent), vous pouvez rejoindre votre unité. » J'ai un bandage, mais je peux marcher. Quand mon capitaine me voit, il juge que je ne suis pas encore en état de reprendre les combats. Je dois donc regagner une unité de repos, au Havre. Enfin, au bout de plusieurs semaines, je retrouve ma compagnie dans un camp militaire installé dans la forêt de Compiègne. Je dois former de jeunes Américains qui viennent d'entrer dans l'armée et qui n'y connaissent rien. Nous manquons de militaires de l'infanterie à cette

« Non, toi tu ne rentres pas, on a encore besoin de toi. La guerre n'est pas finie au Japon. »

époque. Beaucoup ont été blessés ou tués à la guerre. Alors il a fallu prendre des gars des cuisines ou des bureaux, des mécaniciens, des jeunes qui n'ont jamais touché un fusil. Je deviens instructeur pour ces soldats. Avec mon expérience, je peux leur transmettre des choses qu'ils ne trouveront jamais dans un livre. C'est ainsi que je termine la guerre.

À partir de l'armistice du 8 mai 1945, on commence à renvoyer beaucoup de gars en Amérique. À moi, on me dit : « Non, toi tu ne rentres pas, on a encore besoin de toi. La guerre n'est pas finie au Japon. » Je suis donc resté dans l'armée. Non pas un an, comme je l'avais prévu en 1941, lors de ma mobilisation, mais trente-trois ans ! En effet, après la guerre, j'ai vu ces jeunes hommes regagner les États-Unis, ils étaient 10 millions. Je me suis dit qu'ils allaient chercher du travail et que ce ne serait pas si facile d'en trouver. Alors, j'ai décidé de rester en France, comme militaire. Bien sûr, ma famille, ma mère surtout, me manquait. Mais je suis retourné les voir plusieurs fois.

Le 8 mai 1945, je me balade à Paris, sur les Champs Élysées. C'est la fin de la guerre, un moment merveilleux. Je ne sais pas encore que je resterai en France et que dans quelques années, en 1954, j'épouserai une Française, le 6 mai, jour de mon anniversaire !

J'ai fait ma vie ici. Je me suis marié avec une Française, Raymonde, et j'ai eu deux fils.

Dès la fin du conflit, j'ai voulu que tout le monde sache ce qui était arrivé en 1944 ; comment les Alliés avaient aidé à finir cette guerre, à anéantir le nazisme.

En 1945, j'ai pénétré dans le camp de concentration d'Auschwitz, qui avait été libéré. Mais ce que j'ai vu portait encore tellement de traces de l'horreur – des tas de cadavres n'avaient pas encore été enlevés – que j'en ai été malade pendant plusieurs jours.

En 1946, j'ai été nommé comme garde au cimetière américain Saint-Pierre, à Sainte-Mère-Église. Pendant deux ans, j'ai accueilli les familles américaines qui venaient se recueillir sur la tombe d'un frère, d'un mari ou d'un fils. Ils avaient besoin d'entendre tout ce que nous avions vécu.

Dès la fin du conflit, j'ai voulu que tout le monde sache ce qui était arrivé en 1944.

Moi, j'étais là dès le début : j'ai vécu l'entraînement, le débarquement, les combats, et j'ai gardé les corps de mes camarades américains qui ont laissé leur vie ici. Je me suis recueilli lors du transfert des corps dans le cimetière Saint-Pierre ou lorsqu'ils ont été envoyés dans leurs familles, en Amérique. Cela forme comme une boucle de vie dans laquelle j'ai toujours été présent. Sans doute suis-je le seul Américain à avoir vécu cela. Voilà pourquoi, je pense, les proches des soldats américains morts en Normandie avaient besoin de venir me parler.

Je suis certain que les personnes qui souffrent le plus lors des guerres, ce sont les enfants, les femmes, les civils. Les militaires, eux, font leur boulot. Moi, j'ai fait ce que j'ai pu.

Je crois profondément que ceux qui sont morts étaient les meilleurs. Les autres, comme nous, ont été laissés là pour continuer à porter leurs rêves de paix et de fraternité. Nous sommes ici, vivants, mais une part de nous-mêmes appartient à ceux qui sont morts.

Ted Liska

Aujourd'hui, quand je vois des jeunes arborer certains insignes, comme la croix gammée, cela me choque profondément.

Rien de bon ne se construit sur la haine.

JOHANNES BÖRNER

SOLDAT ALLEMAND

JOHANNES BÖRNER

SOLDAT ALLEMAND

Chaque année, je fête le 21 août. C'est une date très importante pour moi. Je fais un petit repas en famille, quelque chose de simple, ou bien, si ce n'est pas possible, je prends juste un apéritif. Mais je marque ce jour d'une manière ou d'une autre. Pourquoi accorder une telle importance à cette date qui n'a rien d'exceptionnel pour la plupart des gens ? Parce que, ce jour-là, j'ai échappé à la mort ; j'ai été fait prisonnier. C'était en 1944, à 10 h 30. Étrange, de commémorer un tel événement ? Pour comprendre, il faut remonter des années en arrière.

Je vois le jour le 5 juillet 1925, à Leipzig, en Allemagne. Enfant unique, je vis heureux avec mes parents. Mon père est employé comme chauffeur dans une entreprise. Ma mère reste au foyer. Avec les autres enfants du quartier, je passe des heures à jouer aux cow-boys et aux Indiens, dans la forêt, tout près de chez nous. Que demander de plus, quand on est enfant, que des parents aimants et une forêt pour s'y amuser avec les copains ?
En 1933, Hitler arrive au pouvoir. J'ai

J'ai échappé à la mort ; j'ai été fait prisonnier. C'était le 21 août 1944 à 10 h 30.

huit ans. Un jour de cette même année, mon père, qui a fait la guerre de 14/18, reçoit une lettre lui demandant de se rendre à la gendarmerie pour recevoir une médaille militaire que lui décernent les autorités hitlériennes. Occupé par son travail et peu soucieux de ce genre d'honneur, mon père décide de m'y envoyer à sa place. Arrivé à la gendarmerie, je me fais accueillir fraîchement : impossible de récupérer la médaille de mon père, il doit venir la chercher lui-même. Furieux, il s'exécute, mais en partant il marmonne : « Qu'est-ce qu'ils me font ch... ! » Je perçois pour la première fois que mes parents ne partagent pas les idées des gens au pouvoir. Mais ils font comme tout le monde en Allemagne : ils obéissent.

Parfait petit hitlérien

Lorsqu' arrive mon dixième anniversaire, mes parents reçoivent une lettre les informant que je dois m'inscrire aux Jeunesses hitlériennes. Pas le choix. Me voilà donc, avec tous les gamins du quartier, suivant chaque mercredi soir un cours de deux heures d'instruction politique. L'uniforme que je porte me remplit de fierté. Il se compose d'une chemise marron et

Me voici entre mes deux parents Anna et Gustav, dont je suis le fils unique. Je viens d'être appelé dans l'armée allemande, j'ai 17 ans. Mon père porte la petite moustache noire qui est à la mode à cette époque.

d'un short noir, ainsi que d'un béret. Mais, surtout, j'arbore, sur le côté droit, un splendide couteau. Je ne manque jamais ces séances hebdomadaires. En fait, c'est là que commence notre endoctrinement. Nos chefs, de jeunes garçons de dix-huit ans, nous parlent de la grandeur de l'Allemagne, de la supériorité de la race allemande, nous affirment que les Juifs font partie d'une sous-race. Nous devons donc être fiers d'être allemands. Une fois, ils organisent une projection d'images, sur un panneau blanc. Des visages apparaissent en grand, et nous devons reconnaître celui qui appartient à un Juif, à un Tchèque ou à un Polonais...

Tous les samedis après-midi, nos chefs nous emmènent dans la forêt pour faire des manœuvres. C'est ce qu'ils appellent le « service ». Nous apprenons à nous cacher, à lancer des assauts. Nous jouons à la guerre, et nous aimons ça. Et peu importe la discipline de fer qu'ils font régner. Comment expliquer cette docilité, ce manque de recul ? Nous,

Cette photo de mon père a été prise au début de la Première guerre mondiale, vers 1915. Il est hussard de l'armée allemande. En 1917, il est fait prisonnier par les Anglais et part en camp de prisonnier en Angleterre d'où il est libéré en 1919.

les enfants, ne nous rendons compte de rien. Tout n'est qu'un jeu, mais en même temps on nous valorise, on nous prend pour des grands. Les adultes, eux, vivent dans la crainte. Un jour, je décide avec deux de mes camarades, Heinz et Karl, de ne pas aller au « service ». Sans raison particulière, comme ça, parce que nous voulons juste traîner un peu dans les environs, pour nous reposer, discuter, rêver. Le soir, je rentre à la maison à 18 heures, comme si de rien n'était. Mes parents, selon leur habitude, m'interrogent : « Alors, le service, c'était bien ? Ça t'a plu ? » Je réponds évasivement : « Oui, oui, pas de problème... » Quelques minutes plus tard, on sonne à la porte. C'est mon chef, qui déclare : « Votre fils n'est pas venu au service aujourd'hui. » Mon père se tourne alors vers moi et me gifle à toute volée. Le chef le félicite : c'est bien, il a raison, il a fait ce qu'il devait faire. La porte à peine refermée derrière lui, mon père s'approche de moi et me dit doucement : « Excuse-moi, Johannes, je ne pouvais pas faire autrement. »

C'est vrai. Si mon père n'avait pas agi de la sorte, il aurait pu se retrouver en prison.

Nos chefs, de jeunes garçons de dix-huit ans, nous parlent de la grandeur de l'Allemagne, de la supériorité de la race allemande.

Le règne de la peur

Chaque dimanche, je défile dans la ville avec les différents groupes des Jeunesses hitlériennes. Nous marchons au pas, derrière la fanfare et les drapeaux. Quel ordre, quelle discipline ! Parfois, je pense qu'Hitler, le führer, nous a imposé ce défilé pour nous empêcher d'aller à la messe. C'est lui qui veut devenir notre dieu, emplir nos pensées, notre conscience. D'ailleurs, sur notre ceinturon figure la devise « Gott mit uns », « Dieu avec nous ». Drôle de monde, dans lequel nous vivons alors ! Un monde où les gens qui se croisent dans la rue ne se disent jamais « bonjour », « salut ! », « au revoir », mais « Heil Hitler ! », « Heil Hitler ! », sans arrêt.

Si les adultes veulent pouvoir travailler, ils ont intérêt à adhérer au parti de Hitler, le Parti national socialiste. Un jour, mon père en fait l'expérience. Il se retrouve brutalement sans emploi. On lui affirme que, s'il prend sa carte du Parti, sa situation s'arrangera. Il s'exécute, la mort dans l'âme, et le lendemain il peut retourner à son travail. Quelques années plus tard, pendant la guerre, il sera interdit d'écouter la radio anglaise, la BBC, qui donne des informations sur les opérations des troupes alliées contre Hitler. Eh bien, il est arrivé que des enfants dénoncent leurs propres parents, pour monter en grade au sein des Jeunesses hitlériennes.

En 1939, l'année de mes quatorze ans, je découvre, grâce aux Jeunesses hitlériennes, ce qui va rester une passion pour moi : l'aviation. Je fais un stage, où j'apprends à piloter un planeur. Alors, naturellement, lorsqu'il faut que je quitte l'école pour apprendre un métier, je choisis d'entrer comme mécanicien dans une usine d'aviation à Leipzig. Ça me plaît beaucoup, et je prépare mon diplôme avec enthousiasme. C'est pour moi une période heureuse.

En 1940, un jour, les soldats de la Wehrmacht, l'armée allemande, défilent, victorieux, dans les rues de Leipzig : l'occupation de la France est accomplie. Tous les jeunes de la ville sont là pour les acclamer, nous leur jetons des fleurs. Nous sommes fiers de notre armée qui remporte tant de victoires, fiers d'appartenir à la grande nation qui conquiert le monde.
Au mois de mars 1943, l'année de mes dix-sept ans, je suis appelé dans l'armée. Je suis tellement conditionné par mes années dans les Jeunesses hitlériennes que je ne ressens aucune peur, je me sens prêt à aller faire la guerre.

… je ne ressens aucune peur, je me sens prêt à aller faire la guerre

Prêt pour la guerre

L'entraînement commence par l'Arbeitsdienst, trois mois de stage dans un camp de travail. Avec six cents autres jeunes, je suis les exercices de préparation militaire. On mène des assauts, on court beaucoup, on apprend à manier les armes. Nous sommes installés dans

C'est l'entrée du camp militaire où je vais suivre un entraînement de trois mois, avant d'entrer dans les parachutistes. Nous sommes environ 600 jeunes, logés dans des baraquements en bois, en pleine forêt, à 200 km de Leipzig.

des baraquements, en pleine forêt, à 200 kilomètres de Leipzig.
À la fin de ce stage, je me porte volontaire pour entrer dans l'aviation. Je rejoins un bataillon qui est envoyé en Tchécoslovaquie, pour un entraînement de quelques semaines. Puis nous partons pour la France, pour Blois. L'entraînement reprend, intense : les longues marches, les sauts, les courses, les tirs au fusil. Lors d'un exercice, je traverse la Loire avec mon paquetage. Une autre fois, nous rentrons à la caserne tellement sales d'avoir rampé dans la boue qu'on nous ordonne de prendre nos douches tout habillés. L'armée veut faire de nous des athlètes et moi qui suis plutôt petit et mince, je dois accomplir des prouesses. Mais j'ai l'habitude de l'effort physique. Depuis mes dix ans, je pars en colonie de vacances avec les Jeunesses hitlériennes. Là-bas, après un réveil vigoureux mené à grands coups de sifflet dès 7 heures du matin, nous passions nos journées à pratiquer toutes sortes de sports, toujours pour nous fortifier.

En octobre 1943, je dois quitter Blois pour prendre la route de la Pologne avec mon régiment. Mais une scarlatine inopinée me cloue dans un lit d'hôpital militaire à Cologne. J'y passe un mois à savourer, entre deux accès de fièvre, le confort d'un lit propre, la nourriture plutôt abondante et la bienveillance du personnel médical. Quel contraste avec la rudesse de la

Au premier rang, au centre de la photo, je suis avec mes camarades de l'« Arbeitsdienst », un camp d'entraînement militaire où j'ai été affecté. J'ai 17 ans, je rêve d'être artiste, comédien ou chanteur. Ça ne se passera pas tout à fait comme je l'aurais voulu.

vie que je viens de quitter !
Une fois la scarlatine vaincue, je me retrouve à Linz, près de Vienne, en Autriche, pour travailler au sein du personnel technique de l'aéroport. Les Messerschmidt 109 font la navette jusqu'à l'Italie, alliée de l'Allemagne, pour lui fournir différents matériels industriels et militaires. Moi, je dois participer à leur préparation et à leur réparation. Je m'affaire, avec au cœur la fierté de me trouver au sein d'une machine puissante qui tourne à plein régime.
Le 31 décembre 1943, j'ai droit à une permission, et je file retrouver ma famille à Leipzig. Mes parents, très émus de retrouver, débarquant à l'improviste, leur fils unique, vont faire de ces huit jours de repos un intermède de chaleur et de douceur dans ma vie de jeune militaire.
Je revois encore ma mère, sur le quai de la gare, le jour de mon départ pour regagner ma compagnie, me demandant de lui promettre de faire bien attention à moi. Je ne savais pas alors que c'était la dernière fois que je la voyais.

Le dur entraînement des paras

Peu de temps après mon retour à l'aéroport de Linz, un général arrive un soir pour nous proposer un choix : soit nous partons pour le front russe, soit nous entrons dans les parachutistes. Comme la plupart de mes camarades, je n'hésite pas longtemps : ce sera les paras. Je sais qu'en Russie les armées allemandes essuient des revers terrifiants.
Il va me falloir trois semaines d'apprentissage dans un centre militaire près de Berlin pour devenir un parachutiste accompli. J'effectue les six sauts réglementaires et je

gagne ma médaille de para. C'est le moment de partir pour la France, où je rejoins, en Bretagne, la 3e division de parachutistes, à Pleyben, puis à Landernau. Là, l'entraînement que nous suivons dépasse en difficulté et en souffrance tout ce que nous avons déjà connu. Aujourd'hui encore, je ne peux pas voir les beaux reflets d'or des genêts sans penser au rouge de nos corps ensanglantés lorsque nous venions de ramper pendant des heures au milieu de leurs branchages piquants. Mais je tiens bon.

Je supporte les brimades, les humiliations. Nos officiers surnomment notre fusil notre « fiancée ». Ils crient : « Vous aimez votre fiancée ? », et nous devons tous répondre : « Oui ! » Ils poursuivent : « Alors embrassez votre fiancée ! » Et nous devons embrasser notre fusil. Certains camarades craquent, mais ils sont peu nombreux et se reprennent vite. Ici, chacun le sait : ou tu supportes, ou tu pars en Russie. Nous sommes une troupe d'élite, la fierté de l'armée allemande ! Cette discipline excessivement dure fait de nous des soldats à part.

À cette époque, j'ignore l'existence des camps de concentration. Je n'en ai jamais entendu parler.

À cette époque, j'ignore l'existence des camps de concentration. Je n'en ai jamais entendu parler. Je sais par contre que les Juifs et les étrangers peuvent subir des châtiments très durs. Un jour, une amie tchèque de ma mère a disparu ; personne n'avait de ses nouvelles. Elle est revenue quelques semaines plus tard, les bras rouges et enflés. Elle n'a jamais voulu dire ce qu'elle avait ; sans doute n'en avait-elle pas le droit. Je me suis douté qu'elle avait fait quelque chose qui avait déplu aux autorités et que, pour cette raison, elle avait été maltraitée par les nazis, mais tout ça était assez flou.

En Bretagne, nous agissons en armée d'occupation. Un jour, nos officiers décident que nous allons nous installer dans un petit village. Avec quelques camarades,

Je me rends compte que, jusqu'à présent, je n'ai fait que m'entraîner.

nous entrons dans l'école et nous faisons sortir tous les élèves. Voilà un dortoir parfait pour nous, simples soldats. Nos officiers, eux, nous demandent d'aller repérer une belle villa pour eux. Nous expliquons à ses propriétaires que nous avons besoin de leur maison pour loger nos officiers. Comme avec le reste de la population, cela se passe sans problème : ils s'exécutent sans trop de protestations. Il faut dire que nous nous comportons le plus correctement possible avec eux. Une femme du village nous fait régulièrement de grosses omelettes aux pommes de terre, que nous lui achetons. Ce plat, que je ne connaissais pas, fait mes délices !
Un jour du mois de mars, un officier m'appelle. Le ton calme, presque aimable sur lequel il s'adresse à moi m'inquiète tout à coup. Il a dû se passer quelque chose d'anormal. Je le salue et entre dans son bureau.
« Votre mère est morte, vous avez droit à deux semaines de permission », me dit-il. En quelques secondes, je revois ma mère, me donnant ses dernières recommandations sur le quai de la gare. Mes larmes commencent à couler. « Un soldat ne pleure pas », ajoute l'officier. Lorsque, une fois rentré chez moi, je retrouve mon père, j'apprends que ma mère a été tuée lors d'un bombardement. Pourtant, elle s'était réfugiée dans une cave.

Les Alliés ont débarqué

De retour en Bretagne, je reprends l'entraînement. Il me semble de plus en plus dur. Et les jours s'écoulent, âpres, jusqu'à la nuit du 5 juin. Vers 2 heures du matin, nous sommes réveillés par les hurlements de nos officiers : « Les Américains ont débarqué en Normandie ! », aussitôt suivis de : « Interdiction d'allumer les lumières ! » Nous avons ordre de faire nos paquetages le plus vite possible. Je me rends compte que, jusqu'à présent, je n'ai fait que m'entraîner. Me voilà jeté dans la réalité de la guerre. Nous allons nous cacher dans une forêt non loin de là,

et, afin d'échapper aux bombardements, nous attendons la nuit pour en sortir. Nous partons pour Saint-Lô, en Normandie, afin de soutenir nos troupes, surprises par l'ampleur du débarquement allié. Nous ne marchons que la nuit : une traversée de 350 kilomètres. La journée, nous nous camouflons. Pour transporter nos armes et notre matériel, nous réquisitionnons dans les fermes quelques charrettes et des chevaux. Les fermiers qui les conduisent vont nous accompagner jusqu'à Saint-Lô. Nous formons une longue file de centaines de soldats. En passant près de Rennes, j'aperçois à l'entrée d'un village des civils pendus à des poteaux. Sans doute des résistants qui ont commis un sabotage ou des otages qui ont été exécutés là pour l'exemple. C'est la première fois que je suis face à un spectacle d'une telle horreur, et il me glace les sangs. Je comprends avec amertume et désolation qu'il s'agit de l'œuvre des SS, les plus fidèles serviteurs du führer, passés par là quelques heures avant nous.
Le 13 juin au matin, nous arrivons à Saint-Lô et marchons parmi les ruines. Cette ville a été détruite à 95 % par les bombardements alliés.

À ce moment, la guerre a vraiment commencé pour nous. Dans la campagne environnante, nous menons « la guerre des haies ». Sans arrêt, il faut se cacher et combattre et tirer. La nuit, nous posons des mines. Nous marchons vers Torigny, puis Vire. Là, notre situation devient

Sur cette photo, je suis un jeune parachutiste allemand de 18 ans qui va se battre pour son pays. J'ai été endoctriné dès l'âge de 10 ans dans les rangs des Jeunesses hitlériennes.

J'ai 16 ans lorsque j'apprends à piloter un planeur au cours d'un camp organisé par les Jeunesses hitlériennes. Ça se passe tout près de Leipzig. C'est le début de ma passion pour les avions.

terrible. Nous tombons dans la « poche de Falaise », un terrain encerclé par les Alliés, situé près du village de Chambois. Les tirs d'artillerie fusent de partout, et les avions alliés nous bombardent sans relâche. Nous sautons, nous courons, nous sommes épuisés, et nous ne savons plus que faire. En arrivant à Saint-Lô, nous étions cent vingt. Après les combats, nous serons neuf. Je vois mes camarades tomber, la tête ou les jambes arrachées. Et moi, je tire, je tire avec mon fusil. Je ne vois pas si je fais des morts. Mais je tire autant que je peux.

L'enfer de la bataille de Normandie

Un jour, au détour d'un chemin, je me retrouve seul nez à nez avec un soldat américain. Il est juste à quelques mètres de moi, le fusil pointé dans ma direction. Face à lui, j'ai exactement la même position. Nous restons ainsi figés à nous regarder dans les yeux, incapables de faire un mouvement. Cette immobilité prend fin lorsque je me mets à trembler, de plus en plus violemment. Combien de temps restons-nous ainsi, le souffle suspendu ? Dans la réalité, sans doute quelques secondes, mais qui m'ont paru une éternité. Je tremble toujours plus fort et, imperceptiblement, je commence à reculer, tout en regardant mon ennemi et en baissant lentement mon fusil. Stupeur, il fait exactement la même chose que moi. Brusquement, je me retourne et détale à toutes jambes. Sans doute a-t-il fait pareil.

En ce mois d'août 1944, les Américains sont nombreux dans la région. Nous, complètement en déroute, dispersés par petits groupes, nous errons et nous nous cachons où nous pouvons. Cela fait longtemps que nous ne mangeons plus à notre faim. Plusieurs fois, j'ai volé des œufs dans des fermes, ou bien des pommes vertes. Ma faim n'a pas pour autant été apaisée et une bonne colique m'a tordu le ventre.
Une nuit, alors que nous sommes cachés dans une forêt, nous entendons approcher des jeeps américaines. Elles s'arrêtent non loin de nos cachettes et des voix au fort accent américain nous interpellent en allemand, par haut-parleurs : « Boys de Becker, boys de Becker ! » Notre chef de régiment porte le nom de Becker, et pour les Américains, nous sommes les « boys de Becker ». Les voix poursuivent : « Rendez-vous ! N'insistez pas, la guerre est perdue pour vous ! Vous voulez revoir un jour votre famille ? Vous voulez du pain blanc ? Rejoignez-nous. Vous serez prisonniers, mais nous vous traiterons bien, nous vous donnerons du chocolat ! »
Nous nous terrons sans rien dire. Il est formellement interdit de se rendre. D'ailleurs, si l'un de nous voit un camarade esquisser un geste pour aller vers les Américains, nous avons ordre de lui tirer dessus. De jeunes Allemands de seize ans nous ont rejoints récemment, car notre armée manque de soldats. Eux n'ont pas la force de supporter la dureté de notre situation. Parfois, ils pleurent comme des enfants, qu'ils sont encore un peu. Une fois, l'un d'eux, n'y tenant plus, sort du trou qui lui sert de cachette pour aller se rendre. Un camarade et moi, d'un même geste, l'attrapons par sa veste et le tirons violemment en arrière.

« Rendez-vous ! N'insistez pas, la guerre est perdue pour vous ! Vous voulez revoir un jour votre famille ? Vous voulez du pain blanc ? Rejoignez-nous. »

La bataille de Normandie est un enfer. Le 21 août, près du village de Saint-Lambert, alors qu'avec une troupe d'une trentaine de camarades nous prenons un chemin de campagne, nous nous trouvons face à un groupe de soldats canadiens. Plus nombreux que nous, mieux armés, ils nous mettent tout de suite en joue et nous crient : « Posez vos fusils et vos couteaux ! » « Voilà, c'est fini », me dis-je. Ils me paraissent forts, et beaux, leurs uniformes me semblent incroyablement propres, ils portent une cravate. Moi, comme mes camarades, je porte un uniforme crasseux, boueux, et des poux me courent sur la nuque. Alors que nous posons nos armes et levons les bras en l'air, j'entends un jeune Canadien, juste devant moi, parler dans un allemand parfait. Je reconnais même, dans sa prononciation, l'accent de Berlin ! Intrigué, je ne peux m'empêcher de lui demander d'où il le tient. Il m'explique alors qu'il a été allemand jusqu'en 1932. Mais ses parents, juste avant la prise de pouvoir de Hitler, ont préféré s'expatrier au Canada et c'est comme cela qu'il est devenu citoyen de ce pays. Sans doute n'a-t-il même pas vingt ans, comme moi. Il s'en est fallu de peu pour que nos destins se ressemblent, au lieu de s'opposer.

Les soldats canadiens nous conduisent dans une ferme, 500 mètres plus loin. Ils nous font aligner le long d'un mur, nous fouillent et, à mon grand étonnement, nous distribuent du pain blanc et du chocolat.

Le 21 août, nous nous trouvons face à un groupe de soldats canadiens. Plus nombreux que nous, mieux armés, ils nous mettent tout de suite en joue…

Prisonnier de guerre

Notre transfert en camion vers un camp de prisonniers va durer trois jours. Le 24 août, j'intègre le camp d'Audrieu, près de Bayeux,

Un aigle, une croix gammée, des feuilles de chêne et de laurier : voilà mon insigne de parachutiste de l'armée allemande, que j'ai porté avec fierté. Je l'ai obtenu à 18 ans, après une préparation militaire très dure.

tenu par les Anglais. Nous devons être près de 6 000 prisonniers. Je vais y passer un an. Somme toute, la situation est moins dure que pendant la bataille de Normandie. Du matin au soir, je travaille avec mes compagnons au déchargement de camions qui transportent du matériel militaire. Notre linge est propre, nous mangeons à notre faim, et je me dis que dans deux ou trois ans je rentrerai chez moi. Pas un jour ne se passe sans que je reconnaisse la chance que j'ai eue de sortir vivant de cet enfer.

Je peux envoyer de mes nouvelles à mon père le jour où l'on nous distribue une carte postale éditée par la Croix-Rouge. Déjà écrite, cette carte informe juste son destinataire que tout va bien et que l'expéditeur est en bonne santé. Je n'ai qu'à signer. C'est déjà ça. Mon père sera sans doute un peu rassuré.

Le 8 mai 1945, nous apprenons la signature de l'armistice. Dans le camp, c'est la stupeur et l'abattement. Nous ne pouvons pas croire que la « Grande Allemagne » a été vaincue.

Au bout d'un an, mes compagnons et moi sommes transportés en camion dans un autre camp de prisonniers, tenu par des Français cette fois, à Fleury, près de Caen. Quelques mois difficiles nous attendent. Nous sommes soumis à une discipline très dure, et nous crevons de faim. Mais, un jour, un officier vient nous informer que, la France ayant besoin de bras pour son agriculture, certains d'entre nous vont pouvoir devenir « travailleurs libres » et aller prêter main-forte aux paysans des environs. « Quels sont ceux qui sont fermiers parmi vous ? » demande-t-il. Instantanément, une forêt de bras se dresse devant lui. Je ne suis pas le dernier à me porter candidat, moi qui ignore tout de la vie à la campagne...

Mais nous avons tous tellement soif de liberté ! L'officier n'est pas dupe et avoue qu'il ignorait que l'Allemagne fût un pays à ce point agricole !

Un matin, un fermier vient me chercher. Il me désigne et me dit en allemand : « Suis-moi, j'ai du travail pour toi. » Quel bonheur ! Nous prenons le train de Caen jusqu'à Falaise, sa ferme se trouvant dans les environs. Aussitôt arrivés, il me tend un seau en fer et m'ordonne avant de tourner les talons : « Va traire la vache ! » Moi qui n'ai jamais mis les pieds dans une ferme, j'obéis, en faisant celui qui a l'habitude d'une telle tâche, mais la panique commence à m'envahir. Je me dirige lentement vers l'étable où m'attend le redoutable ruminant. Je jette un regard en arrière : personne. Je tends une main hésitante vers les pis et tente tant bien que mal de les presser pour en faire sortir le lait. Pas une goutte n'apparaît. Tremblant de peur et de dégoût, je m'apprête à essayer de nouveau quand je reçois un violent coup de queue sur la nuque. Les poils, souillés de bouse et de boue, me cinglent la peau. Comment faire ? Au bout d'une demi-heure, le fermier réapparaît et évalue la situation en un coup d'œil. « Tu t'es fichu de moi ! s'écrie-t-il. Allez hop, je te ramène au camp ! » Je le supplie : « Non, non, gardez-moi. J'apprendrai tout ! » Cet ancien prisonnier de guerre en Allemagne a pitié de moi et finit par accepter de me garder chez lui. Voilà comment j'ai tout appris du travail de la ferme. Durant cette période, je vais profondément changer. Je retrouve un semblant de liberté, une certaine joie de vivre aussi. J'ai le droit de me promener dans un périmètre de 5 kilomètres autour de la ferme.
Le 14 juillet 1946, avec quelques camarades, eux aussi travailleurs dans des fermes des environs, nous nous rendons à une fête de village. Nous déambulons au milieu des gens, de la musique. Alors que nous nous amusons comme des gosses sur les balançoires d'un manège, nous voyons arriver des policiers français. Ils nous donnent l'ordre de descendre en criant : « Verboten ! », « Défendu ! ». Nous ne savions pas qu'il nous était interdit de participer à la fête du 14 juillet. À vrai dire, nous ignorions même qu'il s'agissait de la fête nationale. Les policiers nous ont facilement repérés : sur nos vestes,

« Je crois que vous serez mieux prisonnier chez nous que libre en Allemagne de l'Est ».

nous portons, peintes en grandes lettres de 20 centimètres de haut, les initiales « PG » qui signifient « prisonnier de guerre ».
Nous passons toute la nuit au poste de police. Mon fermier vient me chercher au matin, avec le cheval et la carriole. Il parle avec les policiers, puis me ramène après m'avoir juste dit : « Tu vois, faut pas faire ça. »
Oui, je vais changer durant ce temps où je travaille à la ferme. Je découvre un monde plus libre, des gens qui parlent sans crainte, une façon de vivre moins stricte que ce que j'ai connu jusqu'à présent. Nous parlons des conséquences de la guerre. J'apprends avec horreur ce qu'ont été les camps de concentration.
Je comprends enfin tout le mal qu'a fait Hitler.
Jusqu'en septembre 1948, je vais travailler comme prisonnier de guerre dans deux autres fermes. Un jour, un officier français vient me voir et m'informe que je peux à présent choisir entre le retour chez moi, dans ce pays qui s'appelle maintenant l'Allemagne de l'Est et qui est gouverné par un régime communiste très dur, ou rester en France comme travailleur libre mais soumis à des contrôles réguliers de la police. Je peux aussi réintégrer un camp de prisonniers. « Je crois que vous serez mieux prisonnier chez nous que libre en Allemagne de l'Est », ajoute-t-il.
Je choisis de rester travailler en France. Mais j'ai besoin de revoir mon père. Peu de temps après, j'ai droit à ma première permission ; on me donne un billet aller-retour pour l'Allemagne de l'Ouest. Je vais voir ma tante, près de Hanovre, et je décide d'aller retrouver mon père, à l'Est, en passant clandestinement par une forêt que je connais bien, la Harz, où se trouve la « frontière » entre l'Allemagne de l'Ouest et l'Allemagne de l'Est. Je la traverse de nuit, sans trop de problème. Me voilà dans la partie de l'Allemagne contrôlée par le régime communiste qui a privé toute la population des principales libertés. Je sais que, si je me fais prendre, je risque d'être arrêté et expédié dans un camp de travail en Russie.

Je retrouve mon père avec émotion. Il habite un nouvel appartement, tout petit. Le nôtre a été détruit par les bombardements. Je vais passer un mois avec lui, toujours en me cachant. « Reste en France, me dit-il, tu seras mieux qu'ici. » Quatre ans plus tard, lui aussi traversera clandestinement la frontière, avec juste deux valises, pour rejoindre l'Allemagne de l'Ouest. Il finira sa vie auprès de sa sœur, à Hanovre.

Je me rends compte alors que la France me manque. J'ai appris à aimer ce pays et ses habitants. Ce pays qui m'a transformé.

Le choix de la France

De retour en France, je trouve du travail dans un hôtel près de la gare Saint-Lazare à Paris. Mais je suis repéré par des policiers français : ils me rappellent qu'il est précisé sur ma carte de travail que je dois être employé dans l'agriculture ! Impossible de rester à Paris. Je me retrouve comme jardinier au Grand Hôtel à Lion-sur-Mer, en Normandie. Ce n'est pas vraiment l'agriculture, mais ça y ressemble ! Là, je commence à bien parler français et à apprécier le travail dans l'hôtellerie. Jusqu'en 1954, je rentre chaque hiver en Allemagne, à Hanovre, où je travaille aussi dans un hôtel. Je me rends compte alors que la France me manque. J'ai appris à aimer ce pays et ses habitants. Ce pays qui m'a transformé. Je trouve les Français plus fantaisistes que mes compatriotes. Je regrette la souplesse française. À Hanovre, il faut presque se mettre au garde-à-vous, le matin, pour saluer le patron de l'hôtel. Rien de ça à Lion-sur-Mer. Je choisis la France. Je m'y sens bien, malgré les moments douloureux que j'y ai vécus. J'ai la certitude que je pourrai y être heureux. Bien sûr, je sais que ça ne se passera pas sans difficulté pour moi. J'ai entendu plus d'une fois le mot « Boche ! » sur mon passage. Mais, malgré tout, j'ai confiance : je me ferai accepter. J'évite de parler pour qu'on ne remarque pas trop mon accent. Je me concentre sur mon travail, à l'hôtel, et petit à petit je commence à me faire des amis

français. En 1954, je rencontre Thérèse, qui va devenir ma femme et avec qui j'aurai une fille. Un an plus tard, j'obtiens la nationalité française. Les parents de Thérèse m'ont accepté. Ils lui ont juste dit : « Il n'y avait pas assez de Français ? Il a fallu que tu prennes un Allemand ! » Son père avait été fait prisonnier en Allemagne pendant la guerre.
Je deviens donc peu à peu un vrai Normand. Ma femme et moi ouvrons un restaurant à Ouistreham, dans lequel nous mettons toute notre énergie. Nous voulons en faire un lieu amical, où sont accueillis et se rencontrent les gens de toutes nationalités. Sur notre enseigne, nous avons fait écrire « Restaurant », mais aussi la traduction allemande : « Gasthaus », qui signifie mot pour mot « la maison du client ». Nous avons une nombreuse clientèle allemande, mais aussi hollandaise, canadienne, américaine... Beaucoup d'anciens parachutistes alliés viennent chez nous.
Nous participons activement à l'ACCA, l'Association caennaise pour la connaissance de l'Allemagne, qui organise des voyages et des échanges avec mon pays d'origine. Je veux réconcilier mes deux pays. Comme moi, 22 000 prisonniers allemands ont choisi, à la fin de la guerre, de rester en France, en tant

Voilà le restaurant que ma femme et moi avons ouvert à Ouistreham, avec son enseigne écrite en français et en allemand. Nous en avons fait un lieu où se retrouvent des gens de toutes les nationalités.

C'est lui qui commandait la troupe de Canadiens qui m'a fait prisonnier. Je veux absolument le voir, lui parler, lui dire ce que je suis devenu, le remercier de m'avoir laissé la vie sauve.

que travailleurs libres. Beaucoup s'y sont installés définitivement. J'en connais qui se sont mariés avec la fille des fermiers chez qui ils travaillaient. Il faut du temps pour apaiser les souffrances et les rancœurs. Souvent, je me sens malgré tout « l'étranger ». Je souffre beaucoup du fait que de nombreux Français confondent les SS, soldats de l'armée d'élite de Hitler, qui agissaient avec une cruauté inimaginable, avec les autres soldats allemands. Les nazis ont fait du mal à toute une partie de l'humanité. Ils nous ont fait du mal, à nous aussi, jeunes soldats allemands. Parce que, même si nous n'avons pas agi comme eux, nous portons la honte de ce qu'ils ont fait.

Au fil des ans, notre petit restaurant tourne de mieux en mieux. En juin 1984, pour le quarantième anniversaire du débarquement, plusieurs cérémonies de commémoration rassemblent à Caen de nombreux anciens soldats alliés.

Quarante ans après, me voilà de nouveau avec le Major Currie, qui m'a fait prisonnier en août 1944. Cette rencontre nous bouleverse tous les deux.

Je découvre, stupéfait, le nom du Major Currie sur la liste des participants. C'est lui qui commandait la troupe de Canadiens qui m'a fait prisonnier. Je veux absolument le voir, lui parler, lui dire ce que je suis devenu, le remercier de m'avoir laissé la vie sauve. Je parviens à le retrouver et, lorsque nous sommes enfin face à face, l'émotion me coupe le souffle. Il m'écoute lui expliquer qui je suis, il me prend dans ses bras et se met à pleurer. Comme moi. Jamais je ne pourrai oublier ce moment-là.
Les commémorations qui ont lieu en Normandie pour célébrer l'anniversaire du débarquement sont très importantes. Pour se rappeler ce qu'a été cette guerre et faire en sorte que cela ne recommence jamais.
Aujourd'hui, quand je vois des jeunes arborer certains insignes, comme la croix gammée, cela me choque profondément. Rien de bon ne se construit sur la haine. C'est notre condition d'êtres humains de nous aimer, quels que soient notre couleur, notre religion ou le peuple auquel nous appartenons.
Dix ans plus tard, lors du cinquantième anniversaire du débarquement, je rencontre un aviateur anglais qui a bombardé la « poche de Falaise » lorsque je m'y trouvais, avec mon régiment en déroute. Il ne cesse de répéter : « Comme je suis content ! Alors, je ne vous ai pas tous tués ! J'ai cru que je n'en laissais aucun en vie, je vous voyais tous courir comme des lapins et tomber, les uns après les autres. » Moi aussi, je mesure la chance que j'ai eue d'en réchapper.

Les anciens parachutistes aiment bien se retrouver. En 1994, je rencontre un parachutiste américain à Sainte-Mère-Église. Il me raconte que, lors du débarquement, il a atterri dans le cimetière de cette petite ville normande. Il a eu la vie sauve et a juré de venir se faire enterrer ici !

Johannes Börner

Il ne faut pas oublier cet épisode de l'histoire de notre pays.

Aujourd'hui encore, nous devons rester vigilants et nous méfier comme de la peste des hommes politiques extrémistes et ambitieux.

LÉON GAUTIER

FUSILIER MARIN FRANÇAIS

LÉON GAUTIER

FUSILIER MARIN FRANÇAIS

Mardi 6 juin 1944, 7 h 20. Je me souviens, j'ai pensé : ça y est, nous y voilà. Voilà la terre de France que nous avons quittée, il y a quelques années, et que nous retrouvons, aujourd'hui. On dirait qu'elle tremble, à l'unisson de la mer, sous les coups de canons, les bombes de mortiers, les sifflements d'obus, les rafales de mitrailleuses. Je saute dans l'eau noire, avec mes camarades de la troupe 8, pour rejoindre la plage. Nous sommes les premiers à poser le pied sur le sable de la zone Est de Sword Beach. Nous débarquons pour participer à la libération de notre pays. Cela fait des semaines que nous préparons ce jour avec acharnement et des mois que nous nous entraînons au sein des commandos de l'armée britannique. Moi, je me suis engagé dans l'armée il y a quatre ans déjà.

J'ai dix-sept ans, au début de l'année 1940, lorsque j'annonce à mes parents ma décision de rejoindre la marine nationale. Ils ne sont pas très chauds, bien sûr, de voir partir leur fils à la guerre. Mais ils sentent qu'ils ne pourront pas me faire changer d'avis. Je suis un fervent patriote. Aujourd'hui, on ne sait plus très bien ce qu'est le patriotisme. Mais pour moi, qui suis né en 1922, ce mot est plein de sens. À cette époque, la télévision n'existe pas et les familles se réunissent le soir, pour passer un moment ensemble et parler en sirotant un verre de vin. Le souvenir de la Première Guerre

Nous sommes les premiers à poser le pied sur le sable de la zone Est de Sword Beach. Nous débarquons pour participer à la libération de notre pays.

mondiale est encore vif. Toutes les discussions aboutissent aux victimes de 14/18. Chaque famille est concernée. Un frère de ma mère est mort au cours de la bataille du Chemin des Dames, dans l'Aisne, en 1917 ; un autre a été blessé. Il reste encore de la rancœur envers les Allemands. On les appelle souvent « les Boches ». Je passe mon enfance dans cette atmosphère, au sein d'une famille d'ouvriers à Rennes. J'aime mon pays, j'ai appris la Marseillaise à l'âge de six ans. Alors, quand la France se retrouve en guerre, il me semble qu'il faut la défendre, voilà tout. La lecture des journaux m'a fait prendre conscience de ce qu'est le nazisme. Je considère Hitler comme un dictateur plein d'ambitions. Bien sûr, je ne sais pas encore de quels crimes les nazis vont se rendre coupables et j'ignore l'existence des camps de concentration. Mais, à dix-sept ans, on peut très bien se rendre compte de ce qu'est une dictature. J'écris donc ma lettre pour m'engager dans la marine et, comme je ne suis pas majeur, mes parents signent une autorisation. À ce moment, je travaille comme carrossier chez un

Entraînement d'assaut à la baïonnette. Les commandos s'entraînent avec des balles réelles, pour être le plus proche possible de la réalité des combats.

Trois membres du commando Kieffer en exercice de tir au mortier. Nous devons être au point pour la bataille de Normandie qui se déroulera après le débarquement.

concessionnaire Citroën à Rennes. J'ai appris ce métier à quatorze ans. Bientôt, je suis convoqué pour passer des examens médicaux, et quelques semaines plus tard, je reçois ma lettre d'affectation. Nous sommes en février 1940. J'embarque à Brest, sur le navire-école le *Courbet*, en tant qu'apprenti canonnier.

L'apprenti canonnier

Là, j'apprends en quelques mois à manipuler, préparer, charger différents types de canons. Je me familiarise avec les techniques de navigation. Pour la première fois de ma vie, je me retrouve loin de ma famille. Mais il y a tant à faire, tant à découvrir, que je ne ressens pas de tristesse en pensant à eux. Nous sommes 1 200 hommes à bord. Je me suis fait des copains.

J'aurais dû suivre ainsi six mois de cours mais, au début du mois de mai, le *Courbet* est envoyé à Cherbourg pour défendre la presqu'île du Cotentin, que les troupes allemandes commencent à envahir. Après seulement trois mois de préparation, me voilà dans la guerre. Nous tirons sur les avions allemands puis, dans les jours qui suivent, sur les colonnes de blindés que nous voyons avancer vers Cherbourg. Enfin, le 19 juin au matin, nous recevons l'ordre d'arrêter les tirs, car nous risquons de toucher des civils qui partent, le long de la côte, pour fuir les Allemands. Le *Courbet* gagne alors le port de Portsmouth, en Angleterre. Un matin, alors que je suis encore dans mon hamac, un soldat anglais me pique les fesses d'un coup de baïonnette en criant : « Get up ! » Tout le monde doit débarquer, les

Anglais nous le font comprendre vigoureusement. Bientôt, des officiers anglais nous proposent, dans un français parfait, d'intégrer la marine britannique ou de retourner en France. Presque tout le monde demande à rentrer. Ce que nous venons de vivre avec les Anglais ne nous donne pas envie de rester en leur compagnie ! On nous embarque alors dans un petit bateau jusqu'à Southampton, puis dans un train jusqu'à Haydock Park, un ancien champ de courses situé dans la banlieue de Liverpool. Nous allons passer plusieurs jours dans ce camp de rassemblement avant de rentrer en France. Nous dormons sous des tentes. On nous donne 10 shillings pour acheter nos affaires de toilette et nos cigarettes (le paquet coûte 1 shilling). Nous avons le droit d'aller nous promener à l'extérieur du camp.

Un jour, alors que je suis sorti avec quelques copains, un groupe de jeunes Anglais nous aborde et nous demande de venir discuter avec eux afin de les aider à améliorer leur français. Un peu intrigués mais curieux, nous les suivons chez eux, où ils nous offrent du thé et des petits gâteaux. Bientôt, l'un d'eux nous propose d'écouter la radio, sans doute la BBC, où nous entendons des Français expliquer qu'une armée française s'est constituée en Angleterre, pour mener le combat contre les Allemands, au côté des Alliés. J'apprends alors l'existence du général de Gaulle, dont je n'avais jamais entendu parler. Je suis médusé. Pour moi, ces informations changent considérablement la donne. De retour au camp, nous nous mettons à discuter et à envisager de rejoindre ce réseau de Français prêts à se battre avec le général de Gaulle, qui

... un soldat anglais me pique les fesses d'un coup de baïonnette en criant : « Get up ! » Tout le monde doit débarquer, les Anglais nous le font comprendre vigoureusement.

Je défile avec mes camarades le jour du 14 juillet 1943, au camp d'Achnacarry. Nos officiers britanniques nous accordent un jour de repos, à nous les Français, puisque c'est notre fête nationale.

L'insigne dont nous sommes particulièrement fiers : la croix de Lorraine, que nous accrochons à notre uniforme. Elle signifie que nous faisons partie de la « France Libre ». Les autres militaires français, qui dépendent du gouvernement de Pétain, ne la portent pas.

porte le beau nom de « France Libre ». Je n'ai jamais su qui étaient ces jeunes Anglais, mais je pense que d'autres Français, basés momentanément en Angleterre, ont, comme moi, été ainsi informés.

Premiers pas dans la France Libre

Peu après, je me décide, avec deux autres camarades, à rejoindre le réseau de la France Libre. Nous quittons le camp de transit, nous nous en échappons plutôt, et, cachés sur le plateau d'un camion à bière, parmi les barils brinquebalants, nous gagnons Liverpool, situé à une trentaine de kilomètres de là.

Bientôt, nous tombons sur un policier, un bobby, ne parlant pas un mot de français, qui nous embarque au poste de police. Là, un officier vient nous interroger. Nous lui montrons nos papiers et nous lui expliquons ce que nous voulons faire. « Je vois, nous dit-il, pas de problème. » Il se saisit de son téléphone à manivelle et nous annonce qu'il prévient nos compatriotes. Voilà comment la police anglaise nous a mis en contact avec le petit groupe de Français qui, à Liverpool, formait l'un des premiers

réseaux de la France Libre.
Une camionnette vient nous chercher, avec à son bord des Français. Ils nous conduisent dans un grand hangar, où une trentaine de personnes se sont réunies et où des lits de camp, des « picots », comme nous les appelons, sont installés. Nous nous reposons un peu, et le soir même, nous prenons le train pour Londres, où nous arrivons le matin du 13 juillet. Nous rejoignons un grand hall d'exposition appelé l'Olympia, à Kensington Road. Parmi tous les hommes rassemblés là, je repère des gens de la Légion étrangère, des chasseurs alpins et beaucoup de marins. Le lendemain, pour le 14 juillet, une cérémonie est organisée, et le général de Gaulle vient nous saluer. Le roi d'Angleterre l'accompagne, avec sa femme et les deux princesses. C'est une belle cérémonie, où sont présents la plupart des membres de la France Libre : nous sommes un peu moins de 800.
J'appartiens maintenant aux FNFL, les Forces navales de la France Libre. Début août, j'embarque sur un cargo de commerce français, le *Gallois*. Un vieux cargo de 3 700 tonnes, fonctionnant au charbon et atteignant péniblement 10 nœuds en

C'est le ruban que je porte, accroché à mon béret. Les lettres FNFL signifient « Forces navales françaises libres ». Après notre entraînement, le soir, lorsque nous sortons, nous disons aux jeunes Anglaises, pour nous amuser, que cela veut dire « French Navy For Love » (Marine française pour l'amour).

… pour le 14 juillet, une cérémonie est organisée, et le général de Gaulle vient nous saluer.

vitesse de pointe. Il est équipé de canons dont le modèle date de 1888 et de mitrailleuses antiaériennes. Je ne connais rien à ces canons, je me suis entraîné sur un matériel plus moderne. Nous sommes deux canonniers à bord, tout aussi ignorants, qui devons former les autres membres de l'équipage à l'utilisation de ces engins.
Heureusement, un matelot nommé Robic nous rassure : il était dans la marine nationale, durant la guerre de 14/18, il connaît par cœur ces canons-là. C'est lui qui va nous apprendre à les utiliser !
Nous nous rendons à Terre-Neuve, une île près du Canada, pour charger du minerai de fer destiné à l'industrie militaire. Le voyage se passe bien : une vraie croisière ! En effet, les Allemands n'ont pas encore bien organisé la guerre dans l'Atlantique contre la marine marchande.
J'entretiens le matériel et je couche, dans mon hamac, sous un canon. Au retour, en revanche, durant le mois d'octobre, les choses vont se gâter.

De nombreux sous-marins allemands ont envahi l'Atlantique. Nous rejoignons un convoi d'une quarantaine de bateaux, pour la plupart chargés de ravitaillement pour la Grande-Bretagne. Ils sont escortés de destroyers, des embarcations munies de grenades contre les sous-marins. Tous sont de gros bâtiments modernes, et notre vieux *Gallois*, avec ses 10 nœuds, peine à suivre le

Nous sommes au camp d'entraînement des commandos. Ce mur en troncs d'arbres est un obstacle qui fait partie du « parcours commando » que nous devons effectuer, avec tout notre équipement.

Tout à coup, les sous-marins allemands commencent à tirer. Cette attaque va rester l'un de mes plus horribles souvenirs.

rythme ! Tout à coup, les sous-marins allemands commencent à tirer. Le convoi prend un peu plus de vitesse. Les destroyers ripostent en lâchant des grenades. Les chaudières du *Gallois* tournent à plein régime. Cette attaque va rester l'un de mes plus horribles souvenirs. Plusieurs bateaux sont coulés. Nous devons avancer, toujours, le plus vite possible. Je vois des gars, dans l'eau, les yeux hagards. La plupart savent qu'ils vont mourir. Il nous est interdit de les repêcher, nous devons filer. Cela me déchire de les laisser mourir de froid dans l'eau comme cela.
Le *Gallois* arrive sans dommage jusqu'en Écosse, tout vieux et lent qu'il est. C'est peut-être pour cela qu'il a été épargné. Les grands bâtiments modernes qui composaient le convoi intéressaient davantage les Allemands.

De Pointe-Noire à Beyrouth

Nous déchargeons notre cargaison à Middlesbrough, dans le Yorkshire, au nord de l'Angleterre. Nous restons quelques jours dans ce port et pouvons aller à terre nous détendre un peu. C'est là qu'avec mon copain Robert Coste j'essaie de faire, pour la première fois de ma vie, quelque chose qui me paraît formidable et dont j'ai terriblement envie : du patin à roulettes ! C'est là aussi que, quelques minutes plus tard, je me retrouve par terre, le bras cassé, à cause du croche-pied d'un marin anglais. Me voilà obligé de quitter mes camarades, d'être débarqué, puis envoyé, avec mon plâtre, à Londres.
Après ma convalescence, j'embarque pour trois mois dans un sous-marin, le *Surcouf*. Puis, de retour à Londres, on me propose d'entrer dans un bataillon de fusiliers marins.
J'accepte, et je pars en cargo, pour l'Afrique cette fois, à Pointe-Noire au Congo. Nous devons surveiller les côtes, le long desquelles des sous-marins allemands patrouillent.
J'appartiens au 2e bataillon de

Nous arrivons en décembre 1941 à Beyrouth, toujours habillés à l'africaine, en short, alors qu'il vient de neiger

fusiliers marins, qui regroupe une centaine de soldats, dont la plupart ont moins de vingt ans. Nous allons faire un long périple, qui va nous conduire de Douala, au Cameroun, jusqu'au Liban, en passant par l'Afrique du Sud. Nous arrivons en décembre 1941 à Beyrouth, toujours habillés à l'africaine, en short, alors qu'il vient de neiger ! Je garde un formidable souvenir du Liban. C'est un pays très cosmopolite, où toute la population d'alors, chrétienne, juive ou musulmane, s'entend à merveille. Les jours de repos, on peut, le matin, se baigner dans la Méditerranée et, l'après-midi, aller faire du ski dans la montagne, 20 kilomètres plus loin. Les Italiens, alliés des Allemands, sont présents en Méditerranée. Là aussi, nous gardons certains points de la côte et nous formons des Libanais volontaires, avec qui nous avons de très bons rapports. Nous restons au Liban jusqu'au début du mois de mars 1943.

C'est à ce moment-là qu'on nous propose de partir en Afrique du Nord, rejoindre l'armée française, alors sous la responsabilité du général Giraud, ou bien de retourner en Angleterre et de continuer le combat dans les commandos. Plus de 80 % des fusiliers marins choisissent de rester dans la France Libre et d'intégrer les commandos, les troupes militaires d'élite formées par les Anglais. Il faut dire que, quelque temps auparavant, un grave incident s'est produit en Syrie, entre des fusiliers marins de la France Libre et des soldats de l'armée vichyste, aux ordres du gouvernement de Pétain. Ces derniers ont tiré sur des fusiliers marins, l'un d'eux a été tué d'une balle dans le dos. Voilà notamment pourquoi la plupart des fusiliers marins préfèrent regagner Londres.

Apte aux commandos

Le voyage de retour vers l'Angleterre passe par Alexandrie, puis Suez et l'Afrique du Sud. En mai 1943, nous rejoignons Liverpool puis Londres. Nous rencontrons alors le commandant Philippe Kieffer, un officier des Forces navales de la France Libre, qui a fondé une unité française de commandos, la troupe 1, qui comprend 80 hommes. Elle est fondée sur le même principe que les commandos britanniques, ces troupes créées par Churchill pour « sauter à la gorge de l'ennemi ». Kieffer étudie les dossiers de chacun et choisit les hommes qui lui paraissent aptes aux commandos. J'en fais partie. Le 13 juin 1943, nous prenons, avec ses soldats, la direction d'Eastbourne, dans le Sussex, où se trouve le commando n° 10 interallié, auquel nous sommes rattachés. Il porte bien son nom, « interallié », car il regroupe des Polonais, des Belges, des Yougoslaves, des Hollandais, des Norvégiens et des Allemands juifs. Nous, nous formons la 8e troupe : près de 80 hommes, pour la plupart issus des fusiliers marins, sous les ordres du lieutenant Charles Trépel. Pendant deux semaines, nous suivons un entraînement assez dur, avec, notamment, beaucoup de marches rapides, avant d'entrer à l'école des commandos, à Achnacarry, près de Speen Bridge, en Écosse. On nous dit : « À Eastbourne, c'était dur, mais là-bas, ce sera

Une vue du camp d'Achnacarry où s'entraînent les commandos. Nos instructeurs sont britanniques et nous parlent en anglais. Pour moi, ça va, je comprends. Pour certains copains, c'est un peu plus difficile, mais ils se débrouillent...

Le bâtiment qui abrite l'état-major du camp d'Achnacarry. Il nous sert parfois de lieu d'entraînement : nous l'escaladons à la force des bras.

pire ! » À ce moment-là, nous ne nous rendons pas encore compte de ce qui nous attend.

C'est le cimetière à l'entrée du camp d'Achnacarry. Nos instructeurs nous préviennent : « Voilà ce qui arrive à ceux qui ne suivent pas bien les consignes et font ce qu'il ne faut pas faire. » Bref, nous n'avons pas droit à l'erreur...

Nous arrivons fin juin 1943 à Achnacarry, il est 23 heures, la nuit n'est pas encore tombée tout à fait. Nos instructeurs britanniques commencent par nous faire visiter un cimetière, à l'entrée du camp d'entraînement. Les tombes sont factices, mais il s'agit bel et bien de soldats morts à l'entraînement. Nous devons lire leurs noms et les circonstances de leur mort, afin, nous dit-on, « de comprendre ce qu'il ne faut pas faire si nous ne voulons pas finir de la même façon ». Plutôt glaçant. Nos instructeurs nous parlent en anglais, et nous comprenons tant bien que mal. Chaque entraînement commence par une marche de plus de 11 kilomètres, à effectuer en une heure, avec l'arme et le sac sur le dos. Ceux qui n'y arrivent pas n'ont droit qu'à une seule deuxième chance, ensuite, ils sont renvoyés. Il nous est interdit de marcher dans le camp, nous devons

Un pont de corde que nous avons fabriqué et tendu au-dessus d'une chute d'eau : cela fait partie de notre entraînement de commando.

toujours nous déplacer au petit trot. Nous apprenons la lutte à mains nues, au poignard et à la baïonnette. Nous nous entraînons au maniement des armes en utilisant des balles réelles, encadrés par des tireurs d'élite. Enfin, nous passons des heures à escalader les falaises, à fabriquer des ponts avec des cordes, les « toggle rops », et à traverser des obstacles tels que des rangées de barbelés.

Nous faisons des exercices de nuit, le visage enduit de cirage noir pour mieux nous dissimuler. Un capitaine anglais vient nous donner des cours pour nous apprendre à nous évader au cas où nous serions faits prisonniers. Il s'est déjà fait prendre à deux ou trois reprises et a toujours réussi à s'échapper.

Un jour, un instructeur nous ordonne de sauter d'un monticule d'environ quatre mètres de haut au-dessus d'une fosse pleine de boue. À mon premier saut, je passe de justesse, malgré le bord très glissant. L'instructeur estime alors que ce n'est pas un bon saut et me demande de recommencer. Il se tient là, tout au bord de la fosse, prêt à me repousser dans la boue si j'atterris trop près. Je me dis : « Toi, mon vieux, tu ne m'auras pas ! » Je saute carrément en plein milieu de la fosse, l'aspergeant généreusement au passage. Il pousse un cri de fureur et me menace : « I will have you ! », « Je t'aurai ! ». Je viens de m'octroyer une petite satisfaction.

« Toi, mon vieux, tu ne m'auras pas ! »

Quand nos instructeurs nous engueulent, ils nous traitent de « froggies », « bouffeurs de grenouilles » ! Malgré la dureté de l'entraînement, nous supportons bien cette vie-là. Nous sommes un groupe soudé et motivé. Nous savons que tout ce que nous apprenons ici nous sera bientôt très utile.

Les gentlemen de l'armée

Nous logeons chez l'habitant, dans les environs du quartier général. Je dors chez des personnes âgées adorables, qui m'apportent le petit déjeuner au lit. Un peu plus tard, c'est un ancien tailleur qui m'accueille chez lui et me repasse

À notre arrivée au camp d'entraînement d'Achnacarry, en Écosse, le *bagad* (formation de cornemuses) est venu nous accueillir. Nous sommes les « gentlemen » de l'armée.

impeccablement mes uniformes ! Nous sommes fiers d'appartenir aux commandos, dont la devise est : « United we conquer », « Unis, nous conquérons. » Nous savons qu'en octobre 1942, Hitler a fait paraître un décret nous condamnant à mort. Ce texte nous fait passer pour des bandits, alors que nous nous considérons comme les « gentlemen » de l'armée. Il affirme que « les commandos sont d'anciens criminels libérés dans les pays ennemis qui massacrent leurs prisonniers sans défense. Pour cette raison, ils seront massacrés sans pitié par les Allemands partout où ils seront rencontrés. Leur détention dans des camps de prisonniers de guerre est strictement défendue. »
Si un jour nous sommes pris, c'est la mort assurée, peut-être précédée de tortures. C'est pourquoi, lorsque nous partirons en raid, au combat, nous aurons chacun sur soi une petite ampoule de cyanure, un poison puissant, que nous pourrons avaler avant de tomber aux mains de nos ennemis.

Nous restons près de cinq semaines à Achnacarry. Puis nous retournons dans le Sussex, au sud de l'Angleterre, pour un entraînement sur les falaises de craie. Nous grimpons des parois de 120 mètres de haut avec une corde pour seul matériel. Dans les mois qui suivent, les commandos participent à différents raids sur les côtes françaises, pour étudier les plages, notamment. Le 27 décembre 1943, un groupe, mené par le commandant Francis Vourch, part en raid d'espionnage. L'objectif est de récolter un maximum de renseignements sur la plage qui

Si un jour nous sommes pris, c'est la mort assurée, peut-être précédée de tortures.

deviendra Utah Beach. Le groupe doit prélever un morceau du sol pour vérifier si des tanks peuvent bien y passer et rapporter des mines pour les étudier de plus près. L'opération réussit, et Vourch fait son rapport aux autorités militaires en précisant la présence de courants de marée, aux abords d'Utah Beach, qui peuvent faire dévier les bateaux. Ce rapport a-t-il été lu ? En tout cas, les Alliés n'ont pas débarqué à l'endroit exactement prévu, à Utah Beach, à cause de ces courants.

Préparatifs sous haute surveillance

Le 16 avril 1944, les Français qui forment le 1er BFMC (Bataillon fusiliers marins commandos) intègrent le commando britannique n° 4. Nous rejoignons, le 30 mai 1944, le camp C 18, à Tichfield, près de Southampton.
C'est un camp de regroupement des commandos, gardé par les Américains, entouré de deux rangées de fils de fer barbelés et d'un véritable *no man's land*. Nous n'avons plus aucun contact avec la population extérieure. Nous préparons un débarquement, nous ne savons pas encore où ni

Notre uniforme (le *battle dress*) avec les insignes qui indiquent que nous sommes rattachés au commando britannique n° 4, mais que nous sommes des Français.

Le « parcours commando » est un exercice assez difficile au cours duquel nous devons franchir plusieurs obstacles, comme ici. Il comprend aussi la traversée d'une rivière et le franchissement d'obstacles en fil de fer barbelé.

quand il aura lieu. Bientôt, nous commençons à travailler à partir de plans et de maquettes en volume de la plage où nous arriverons le jour J. Parmi nous, plusieurs camarades viennent de Normandie et, en voyant ces maquettes, ils reconnaissent la plage d'Ouistreham.
Aussitôt, l'information circule au sein du groupe des Français. Nous allons débarquer chez nous, en Normandie ! Cette nouvelle nous galvanise. Nous allons enfin retrouver la France. Nous n'avons pas cessé de penser à notre pays. Nous nous sentons prêts pour cette mission. L'entraînement que nous avons suivi depuis notre entrée dans les commandos nous donne cette assurance. Lord Lovat, qui dirige les troupes, nous réunit et nous interdit d'en parler aux autres soldats. Seuls les Français seront au courant du lieu du débarquement. Chez les soldats britanniques, nous sentons aussi une grande motivation. Eux aussi en ont assez de la guerre et des bombardements. Ils veulent en finir avec Hitler.

Chez les soldats britanniques, nous sentons aussi une grande motivation. Eux aussi en ont assez de la guerre et des bombardements. Ils veulent en finir avec Hitler.

Nos officiers nous transmettent les mots de passe que tous les soldats alliés participant au débarquement utiliseront : Ham et Jam. Ainsi, lorsque la nuit, par exemple, nous croiserons un parachutiste, nous devrons lui chuchoter « Ham » et, quand il nous répondra « Jam », nous saurons que c'est un allié.
Les jours précédant le débarquement se passent dans le calme. Nous poursuivons notre entraînement physique, mais nous avons aussi du temps pour nous détendre. Un de nos jeux est de transformer une grande toile souple en trampoline. Une vingtaine d'hommes la saisissent et la tirent tous ensemble d'un seul coup. On peut ainsi propulser un homme en l'air. Celui-ci doit être capable, au bout de quelques rebonds, de s'accrocher à une branche d'arbre située quatre mètres au-dessus de lui !
Enfin, le 5 juin, vers 17 heures, nous partons en camion pour rejoindre le port de Warsach, près de Portsmouth. Les 177 Français dirigés par Philippe Kieffer se répartissent en deux troupes : la troupe 1, placée sous l'autorité du commandant Vourch, qui embarque dans la barge de débarquement n° 527, et la troupe 8, à laquelle j'appartiens, qui prend place dans la barge n° 523, sous l'autorité du commandant Lofi. La trentaine d'hommes de la section « K Gun », (les fusils-mitrailleurs) viennent compléter nos deux troupes.
Nos barges se dirigent vers l'île de Wight, où, selon le plan des Alliés, tous les bateaux doivent se

Sur cette photo, prise au camp d'Achnacarry, on voit un groupe de commandos en train d'écouter attentivement un instructeur expliquer comment construire des ponts au moyen de simples cordes, les « toggle rops ».

rassembler. Cette opération porte le nom de code « Picadilly Circus ». Un panorama que je ne suis pas près d'oublier apparaît sous nos yeux : des milliers de bateaux de toutes sortes, de toutes tailles, de formes étranges (certains ont été conçus uniquement pour le débarquement). Vers 22 heures, nous quittons l'île de Wight pour nous diriger lentement vers les côtes françaises. Dans le ciel, au-dessus des bateaux, flottent de grands ballons, rattachés par des câbles à certaines embarcations. Ces câbles sont destinés à nous protéger d'éventuels avions ennemis qui piqueraient sur nous pour nous torpiller. La mer est agitée. Dans la barge, nous sommes une petite centaine d'hommes, calmes, très concentrés. La veille, le commandant Kieffer nous a prévenus : « Nous serons moins de dix à rentrer intacts. » Nous espérons tous être dans ces dix-là ! J'ai, dans ma poche, la photo de Dorothy, ma fiancée, que j'ai connue à Douvres et avec qui je vais me marier en octobre prochain. Mais à ce moment-là, je pense surtout au travail que j'ai à faire. Comme mes camarades, je me sens prêt.

Et c'est l'assaut.
En un éclair, les passerelles sont jetées hors des bateaux, les premiers hommes se ruent sur la plage.

Arrivés les premiers

Nous passons une nuit un peu agitée, dormant tant bien que mal, allongés comme nous le pouvons dans le fond de la barge. Vers 5 heures du matin, les milliers de bateaux qui approchent des côtes ouvrent le feu. Notre bateau avance, mais nous n'entendons plus le bruit de son moteur, couvert par celui des canons. On nous distribue notre petit déjeuner : une soupe à la tortue dans une boîte autochauffante que nous allumons avec une cigarette. Je ne peux pas l'avaler, trop mauvais. Tant pis, je m'en passerai. Notre convoi s'approche de la côte. C'est marée haute, la mer secoue la

Voilà le fameux béret vert qu'arborent tous les membres des commandos. Nous le portons le jour du débarquement, mais au moment de sauter sur le sol, vu tous les obus qui nous tombent sur la tête, nous enfilons nos casques !

barge. Soudain, les embarcations qui nous entourent, transportant les commandos britanniques, ralentissent. Les Anglais laissent passer les deux barges françaises en tête de convoi. C'est un honneur qu'ils nous font, à nous qui regagnons notre pays. Les barges s'approchent du sable de la côte. Et c'est l'assaut. En un éclair, les passerelles sont jetées hors des bateaux, les premiers hommes se ruent sur la plage. Il faut faire vite. Les soldats courent sous les balles tirées depuis les blockhaus allemands. Quelques secondes plus tard, la barge 527 reçoit un obus qui fracasse une partie de l'embarcation et emporte la passerelle dans un épouvantable chaos de bois et de métal. Cet assaut d'artillerie va tuer ou blesser la plupart de nos officiers. La barge 523, dans laquelle je me trouve, n'a pas été touchée. Nous sautons directement dans l'eau, parmi les morceaux de bois, les barbelés de la défense allemande. Je cours aussi vite que je peux. Juste avant nous, des avions anglais sont passés avec des fumigènes pour nous cacher un peu. Mais la fumée se dissipe vite. Sur notre droite, sept chars débarquent et s'engagent sur le sable. Aussitôt, les tirs ennemis, venus du blockhaus le plus proche, se dirigent vers eux. Cela nous laisse le temps d'arriver en haut de la plage sans grande perte. De toute façon, nous avions reçu l'ordre de courir jusqu'aux dunes, où nous serions à l'abri des tirs allemands, sans nous préoccuper des morts et des blessés. Nous avons été tellement bien préparés que je ne suis pas surpris de la façon dont tout cela se déroule. La grande différence par rapport à nos entraînements, ce sont les morts et les blessés que nous laissons derrière nous.

Nos premiers prisonniers, à Ouistreham. Nous les conduisons vers un camp non loin de là, où ils vont être regroupés. Nos ennemis ont été surpris. Ils ne s'attendaient pas à une telle offensive.

Mission accomplie

Nous devons maintenant mener à bien notre mission. Nous sommes chargés de « nettoyer » le secteur côtier, de progresser dans les terres pour rejoindre les parachutistes de la 6e Airborne et dégager une tête de pont, plus à l'est, afin que les Alliés puissent y débarquer des matériels et des hommes. La troupe 1 doit prendre le casino d'Ouistreham, devenu base allemande. Nous, la troupe 8, avons la charge d'avancer et de prendre, par l'intérieur, toutes les défenses ennemies, c'est-à-dire sept blockhaus.
Nous nous élançons, sans affolement, derrière les dunes. Il faut couper à la cisaille des haies de barbelés, donner l'assaut aux blockhaus, se cacher, se battre, tirer. Nous faisons des prisonniers. Nos ennemis ont été surpris par l'ampleur du débarquement et beaucoup se rendent, voyant qu'il est inutile de poursuivre la bataille.
À 11 h 30, les abords d'Ouistreham sont libérés. Nous nous dirigeons vers une ancienne colonie de vacances, qui nous sert de point de ralliement, où nous prendrons un peu de repos. Les hommes de la troupe 1 ont pris le casino. Nous devons maintenant nous enfoncer dans la campagne et nous diriger vers l'est de l'Orne.
Nous rencontrons des civils qui, voyant notre uniforme britannique,

essaient de nous parler anglais. Ils nous disent « Hello, boys ! » Nous leur répondons : « Nous ne sommes pas des boys, nous sommes des Français ! » Ils paraissent surpris et heureux de nous voir. Certains mettent des drapeaux tricolores devant leur maison.

À 16 h 30, nous arrivons près de l'église de Bénouville, où nous rencontrons les parachutistes de la 6e Airborne, suivis de la cantine de l'armée britannique. Et là, sur la place, on nous sert une tasse de thé. Un petit réconfort à l'anglaise. Nous prenons ensuite la route de Cabourg. Nous atteignons Amfreville, où nous nous installons, à la tombée de la nuit, en position défensive. Il va falloir bloquer les éventuelles contre-attaques allemandes. Nous creusons nos tranchées dans un champ et installons des mitrailleuses. Enfin un peu de repos ! Des rations sèches, que nous diluons dans un peu d'eau, nous servent de repas. Nous avons perdu dix camarades, et trente-cinq ont été blessés. Pour nous, le travail n'est pas terminé. Nous devions rester quelques jours en Normandie ; nous y passerons trois mois.

« Nous ne sommes pas des boys, nous sommes des Français ! »

En première ligne

Jusqu'au 10 juin, nous allons connaître un peu de répit : nous gardons notre position défensive. Caen, à quelques kilomètres de là, n'est pas encore libéré, et les Alliés ont besoin d'Amfreville et du pont de Bénouville pour transporter du matériel. Mais, au matin du 10 juin, les Allemands ouvrent le feu sur nos positions. Toute la journée, nous essuyons des tirs d'artillerie. Je suis inquiet : souvent, ces tirs précèdent une grosse attaque. Nous restons dans nos tranchées et nous ripostons, tendus, au milieu du vacarme. Des avions nous survolent et nous mitraillent. À quelques mètres de moi, un copain tombe, le haut de la tête arraché. Tout près de lui, un autre copain succombe sans aucune blessure, peut-être d'un arrêt cardiaque.

La guerre est dure et moche. Voir tomber mes camarades est la pire douleur que j'ai vécue.

Nous allons vivre encore soixante-dix-huit jours de première ligne et de tranchées, sans relève. Après Amfreville, nous avançons petit à petit et prenons Bavent, puis Pont-l'Évêque. Nous courons, notre sac de 30 kilos sur le dos, nous nous cachons, nous nous battons.

Un jour, lors d'une patrouille, mon copain Guy Laot tombe. Mon pote depuis 1941, entré comme moi dans les fusiliers marins. Depuis, nous ne nous étions pas quittés, nous avions fait de la boxe ensemble. Le chagrin me terrasse.

Durant cette bataille de Normandie, quand l'un de nous tombe sous les balles ennemies, nous prenons sa couverture dans son sac, et nous l'enveloppons dedans. Puis nous creusons un trou et nous l'enterrons, avec sa plaque militaire. Sur un bout de papier, nous écrivons son nom et nous glissons la feuille, pour l'abriter, dans une bouteille que nous trouvons par terre (il y a beaucoup de bouteilles de cidre vides, sur les chemins) et que nous plantons sur cette tombe de fortune. Le corps du soldat repose ainsi, en attendant que les troupes de l'arrière viennent le chercher. Nous enterrons aussi les Allemands, de la même façon.

Nous avons dans notre paquetage un petit nécessaire médical. Il comprend différents pansements et une piqûre stérile de morphine. Notre médecin, le capitaine Robert Lion, a été tué le jour du débarquement. C'est notre aumônier, le capitaine René de Naurois, qui le remplace. Il est là quand tout va mal et reste auprès des soldats blessés. Il les prend dans ses bras, et je crois qu'il leur apporte un immense réconfort moral. Au bout de quelques jours, son uniforme est raide de sang séché.

Nous sommes tous sales et fatigués. Lors de notre avancée, nous nous contentons de faire de petites toilettes sommaires, à des pompes

Un jour, lors d'une patrouille, mon copain Guy Laot tombe. Mon pote depuis 1941, entré comme moi dans les fusiliers marins.

de villages. Au bout de quelques semaines, nous arrivons à Saint-Maclou et nous nous arrêtons pour faire une grande lessive. Tout y passe ! Nous faisons sécher nos vêtements tant bien que mal au soleil. Je retrouve avec délectation mes bonnes chaussettes de fine laine. Quelques jours auparavant, j'ai trouvé, dans une tranchée, une paire de chaussettes ayant appartenu à un soldat allemand. Une aubaine. Les miennes étant humides et sales, j'ai enfilé celles-ci. Mais j'ai vite déchanté. Elles étaient raides et piquantes. Quel plaisir de retrouver, lavée, la bonne chaussette britannique !

Notre compagnon de chaque instant. Nous l'appelons le « Cap confort ». C'est une bande de laine qui peut faire à la fois écharpe, bonnet et même nous couvrir totalement le visage en ne laissant voir que les deux yeux.

Rester vigilant

C'est à la fin du mois d'août 1944 que nous regagnons l'Angleterre. Les Allemands reculent, c'est la débandade. Sur les 177 Français du commando Kieffer, seuls 25 hommes n'ont été ni tués ni blessés. J'en fais partie. J'ai eu beaucoup de chance. Lors d'une permission, je retrouve Dorothy à Douvres. Nous nous marions le 14 octobre. Quelques jours plus tard, je dois rejoindre ma compagnie à Peworth. Je prends le dernier train qui part de Douvres. Il ne s'arrête pas dans la gare, mais il ralentit. J'ai prévu le coup, je vais sauter sur le quai avant qu'il reprenne de la vitesse. Ce n'est pas la première fois que je fais ça. Seulement, cette fois, je tombe sur un chariot de bagages et je perds connaissance.

Je me réveille à l'hôpital de Winchester, blessé à la jambe, une charmante infirmière à mon chevet. Cinquante ans plus tard, lors des commémorations, alors que je marchais dans le cimetière militaire

La troupe 8 du commando Kieffer, au grand complet. La plupart de mes camarades sont comme moi, d'anciens fusiliers marins, venus de Bretagne ou de Normandie et qui ont choisi de rejoindre la « France Libre ».

d'Hermanville, une femme me sauta au cou, au grand étonnement de son mari, en m'interpellant : « Léon, c'est toi ? » J'étais un peu interloqué. C'était mon infirmière de Winchester ! Toujours est-il qu'après ce stupide accident j'entre en convalescence, puis je réintègre le service des fusiliers marins, n'étant plus apte aux commandos.

Je me souviens particulièrement de la journée du 8 mai 1945. J'étais à Douvres avec Dorothy. La radio a annoncé la fin de la guerre. Ce souvenir m'émeut encore. Ça a été une explosion de joie, je n'avais jamais vu une chose pareille. Les cloches se sont mises à sonner, les gens dans la rue pleuraient, s'embrassaient sans se connaître. Ils avaient tellement souffert de la guerre ! 2 847 bombes sont tombées sur la ville. D'ailleurs, Dorothy avait été blessée au crâne et avait dû subir une grave opération.

J'ai été démobilisé en août 1945. J'ai dû organiser ma vie civile, non sans quelques difficultés. Dorothy et moi avons eu deux filles. Nous avons vécu quelques années en Afrique, en Angleterre, puis en France, où j'ai été, jusqu'à ma retraite, expert en assurances pour les voitures.

Nous habitons aujourd'hui Ouistreham, à quelques centaines de mètres de l'endroit où j'ai débarqué, le 6 juin 1944. J'avais noué dans la région tellement d'amitiés, grâce aux commémorations, que cela nous a paru naturel de nous installer ici. Je travaille au musée du commando 4, à Ouistreham, qui rappelle ce qu'ont vécu les hommes de Kieffer et les Alliés anglais. Il ne faut pas oublier cet épisode de l'histoire de notre pays. Aujourd'hui encore, nous devons rester vigilants et nous méfier comme de la peste des hommes politiques extrémistes et ambitieux.

Léon Gautier

LE DÉBARQUEMENT EN NORMANDIE

1944 Le monde en guerre

Cet été-là, le monde est sens dessus dessous. La guerre fait rage presque partout. Les armées de l'Allemagne nazie ont déferlé sur l'Europe, où seule la Grande-Bretagne résiste, puis elles se sont attaquées à l'URSS (qui comprend la Russie actuelle et quatorze autres républiques). L'Italie, leur alliée jusqu'en 1944, a pris pied en Afrique du Nord. De l'autre côté du monde, un autre allié de l'Allemagne, le Japon, a agrandi son empire, en Chine, puis il a attaqué les États-Unis à Pearl Harbor et a envahi les Philippines et la Birmanie.

Le bilan est effroyable : des millions de morts, des hommes et des femmes meurtris, des pays ravagés, le peuple juif menacé d'extermination. Les pays alliés contre la barbarie nazie (les États-Unis, l'Angleterre, le Canada, la France, l'URSS) ont alors décidé de s'allier pour concentrer leurs efforts et anéantir leur ennemi.

LES ALLIÉS OUBLIÉS

Plusieurs nations ont rejoint les Alliés lors du débarquement. Pour éviter les confusions, leurs soldats ont combattu sous l'uniforme américain, anglais ou canadien. Ils venaient de Pologne (2 327 Polonais mourront pendant cette période), de Belgique, des Pays-Bas, du Luxembourg, de Norvège, du Danemark, de Tchécoslovaquie, et même d'Australie et de Nouvelle-Zélande.

Les Alliés se mettent d'accord

Quelle stratégie adopter ? Pour les Américains, il faut s'attaquer en priorité à l'adversaire le plus fort : l'Allemagne, là où il est le plus fort : en Europe occidentale. Il faut donc préparer un débarquement sur les côtes françaises. Les Anglais préfèrent prendre l'ennemi à revers, en débarquant en Afrique du Nord, par la Méditerranée. Les Soviétiques, eux, veulent l'ouverture d'un second front à l'ouest. Les débats sont houleux, mais finalement, en novembre 1943, lors de la conférence de Téhéran, Franklin Delano Roosevelt, le président des États-Unis, Winston Churchill, le Premier ministre britannique et Joseph Staline, qui dirige l'URSS, se mettent d'accord. Ils prévoient, pour 1944, un débarquement sur les côtes françaises.

On l'appellera « Overlord »

Les Alliés espèrent que ce débarquement sera le début de la libération de la « forteresse Europe », écrasée par le fléau nazi. Cette opération ultrasecrète, baptisée Overlord, sera dirigée par le général américain Dwight Eisenhower. Elle repose sur deux principes : surprendre l'ennemi, et ensuite, faire débarquer le plus rapidement possible une armée nombreuse équipée d'un matériel moderne.

La plage de Dieppe, où les Alliés ont tenté un débarquement, en août 1942, qui s'est terminé en carnage.

Se souvenir de Dieppe

Les Alliés gardent en mémoire une expérience récente et tragique et en tirent des enseignements. Le 19 août 1942, 6 000 hommes des forces alliées, pour la plupart des Canadiens, débarquent sur la plage de Dieppe. C'est le prélude à une action de plus grande envergure. Mais l'assaut a été mal préparé. Des difficultés inattendues surgissent. C'est le carnage. Après neuf heures d'atroces combats, les armées alliées comptent 907 morts, 600 blessés et 1 300 prisonniers. Les barges de débarquement ont été facilement détruites ; les liaisons entre les postes à l'arrière et les soldats à l'avant étaient désastreuses. Puisqu'un port est trop difficile à prendre d'assaut, mieux vaut choisir les plages découvertes, quitte à créer un port artificiel.

La géniale idée de Churchill

Les risques ne manquent pas. Il faudrait que les Alliés disposent de ports, dans lesquels ils puissent décharger des troupes de renfort et le matériel indispensable. Churchill suggère alors de fabriquer des ports artificiels, que l'on transporterait en pièces détachées d'Angleterre vers les côtes normandes ! Quatre cents entreprises se mettent à construire des caissons géants en béton armé, pesant chacun 700 tonnes, longs de 70 mètres, hauts de 20 et larges de 15. Ils serviront de quais d'accostage.

À Saint-Laurent-sur-Mer, dans le secteur d'Omaha Beach, les Alliés ont construit ce port artificiel, en assemblant de gigantesques caissons de béton armé.

Où débarquer ?

Le plus simple et le plus rapide serait de débarquer sur les plages du Pas-de-Calais, puisque les troupes alliées seront rassemblées dans le Sud de l'Angleterre. Mais les Allemands y ont aussi pensé et ils ont déployé dans la région une défense imposante. L'équipe qui prépare le débarquement choisit donc la Normandie. Cette zone répond à plusieurs critères décisifs : elle est assez proche de l'Angleterre, ses plages ne sont pas trop enclavées et la défense allemande n'y est pas trop puissante.

Le plan final

Le plan final de l'opération Overlord est adopté à la mi-mai 1944. 50 000 hommes débarqueront, ainsi que 1 500 chars, 2 500 véhicules tout terrain, 3 000 canons et 10 500 autres véhicules. Les parachutistes, transportés par 11 000 avions (dont plusieurs centaines de planeurs) seront les premiers à entrer en action. Puis d'autres renforts arriveront. Au total, 2 millions d'hommes et 2 millions de tonnes de matériel seront acheminés en moins de deux mois. La zone de débarquement couvre 80 km, entre l'estuaire de la Vire et de l'Orne. Elle est divisée entre les Américains, qui doivent prendre pied à l'ouest, sur les plages baptisées Utah et Omaha Beach, et les Britanniques et Canadiens, qui s'empareront des plages baptisées Gold, Juno et Sword.

UN MATÉRIEL À TOUTE ÉPREUVE

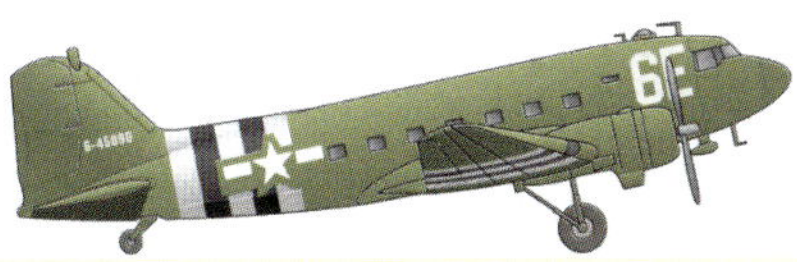

Le DC 3, un camion volant

10 655 DC 3 ont été assemblés aux États-Unis en un temps record. C'est l'avion de transport le plus construit pendant cette période. Les DC 3 vont participer au largage de 20 000 parachutistes.

La jeep, un quatre roues indispensable

En 1941, l'usine Willys de Toledo, aux États-Unis, sort une jeep toutes les 80 secondes. Elle a quatre places et est équipée de quatre roues motrices. Pendant la guerre, elle est produite en 640 000 exemplaires.

Le half-track, un véhicule à tout faire

Il sert à transporter les troupes, procure un abri lors de tirs à armes légères, permet de suivre de près les chars, et peut même être transformé en poste de transmissions radio. 41 170 exemplaires ont été construits.

Le char Sherman, puissant et redouté

C'est le char le plus construit durant la guerre. 45 000 Sherman ont été fabriqués, soit deux fois la production de chars de l'Allemagne. Équipé d'un puissant canon, il pèse 30 tonnes. Il est piloté par cinq hommes.

QUI ÉTAIENT LES GI'S ?

Les chiffres de l'armée américaine sont surprenants. En 1939, l'armée de terre compte 190 000 hommes, et la marine 125 000 hommes. Cinq ans plus tard, en 1944, l'armée de terre compte 8 millions de soldats, et la marine 3 millions et demi. Comment un tel bond s'est-il produit ? Jusqu'en 1940, l'armée américaine ne comptait que des engagés. Le 16 septembre 1940, le Congrès américain décide que les hommes de 21 à 35 ans pourront être appelés sous les drapeaux. 16 millions et demi d'hommes sont recensés, et 1 million et demi sont incorporés à la suite d'un tirage au sort. L'année suivante, c'est à partir de 18 ans que les Américains sont mobilisables. Petit à petit, ceux qu'on appelle les GI's, jeunes et inexpérimentés, finissent par former une armée redoutable. La guerre, de plus en plus mécanisée, nécessite des connaissances techniques déjà largement diffusées aux États-Unis. Lors du débarquement, les GI's sont fiers de leur mission : défendre la liberté. Mais ils ont conservé les préjugés de cette époque : ils tiennent les Noirs à l'écart et les affectent aux basses besognes.

Des soldats britanniques s'entraînent, dans le Sud de l'Angleterre, quelques jours avant le débarquement.

Intenses préparatifs

La préparation du débarquement repose sur une organisation extraordinairement complexe.
Le Sud de l'Angleterre est transformé, en janvier 1944, en un gigantesque camp d'entraînement militaire.
1 200 000 soldats américains y sont arrivés, à bord de paquebots.
On met au point des armes nouvelles, notamment toute une variété de chars et de tanks. Pour répondre aux énormes besoins en essence de ces véhicules, un pipe-line, dénommé PLUTO (Pipe-line under the ocean) relie les entrepôts du Sud de l'Angleterre au territoire français en passant sous la Manche !

Grande campagne d'intox

Le succès du débarquement dépend de son effet de surprise. Les Alliés veulent faire croire aux Allemands qu'ils débarqueront dans le Pas-de-Calais. Pour cela, ils mettent sur pied l'opération « Fortitude » (courage). Les Anglais laissent les avions allemands survoler le Kent et photographier de faux chars et de faux engins, fabriqués en contreplaqué et en caoutchouc. Le général Patton est affecté à une armée imaginaire, toujours dans le Kent, d'où partent de faux messages radio. Le subterfuge réussit à merveille. Jusqu'à la fin du mois de juin, les Allemands resteront convaincus que le débarquement de Normandie n'est qu'un prélude à un débarquement beaucoup plus important, localisé au nord.

Un char gonflable, construit par les Alliés pour faire croire aux Allemands que le débarquement aura lieu dans le Nord de la France.

Colleville (Omaha Beach). Pour défendre les plages, les Allemands ont installé des pieux (appelés « asperges de Rommel ») et des croisillons de fer.

Percer le « Mur de l'Atlantique »

Les côtes de La Manche ont été puissamment fortifiées par les Allemands. Hitler a décidé de mettre en place le Mur de l'Atlantique : de la mer du Nord à l'Espagne, sur 5 000 km, les Allemands ont installé des chars, des canons et construit 15 000 blockhaus, des abris de béton armé. Cependant, c'est en Normandie que ce « mur » est le plus faible. Les Alliés devront aussi traverser un redoutable système de pieux, de mines et de fils de fer barbelés dressés sur les plages.

ET DE GAULLE DANS TOUT ÇA ?

Depuis 1940, le maréchal Pétain a engagé la France dans une politique de collaboration avec l'ennemi nazi. Il a rompu toute relation diplomatique avec les Américains. Le président Roosevelt veut qu'une fois le débarquement terminé un gouvernement militaire allié dirige la France. Pour cela, 6 000 hommes sont formés aux États-Unis depuis la fin de 1943. Le général de Gaulle, qui a été tenu à l'écart des discussions stratégiques, proteste. Depuis juin 1940, il dirige la résistance, de Londres ou d'Alger. En 1943, il prend la tête du Comité français de libération nationale, qui est devenu, le 3 juin 1944, Gouvernement provisoire de la République française. Les Alliés finissent par reconnaître ce gouvernement provisoire et son chef. De Gaulle arrive en France le 14 juin, et il fait une entrée triomphale dans Bayeux.

Cafouillages
dans le staff allemand

Les deux hommes qui ont la charge du commandement allemand dans l'Ouest de la France, le maréchal von Rundstedt, et son adjoint, le maréchal Rommel, ne parviennent pas à se mettre d'accord sur une stratégie. Pour le premier, il ne sert à rien de défendre la côte, mieux vaut préparer une puissante contre-offensive pour rejeter l'ennemi quand il aura pénétré dans les terres. Pour le second, il faut écraser l'assaillant au moment même où il débarque. Le 4 juin au soir, Rommel quitte la France et se rend en Allemagne pour rencontrer Hitler et lui demander des renforts.

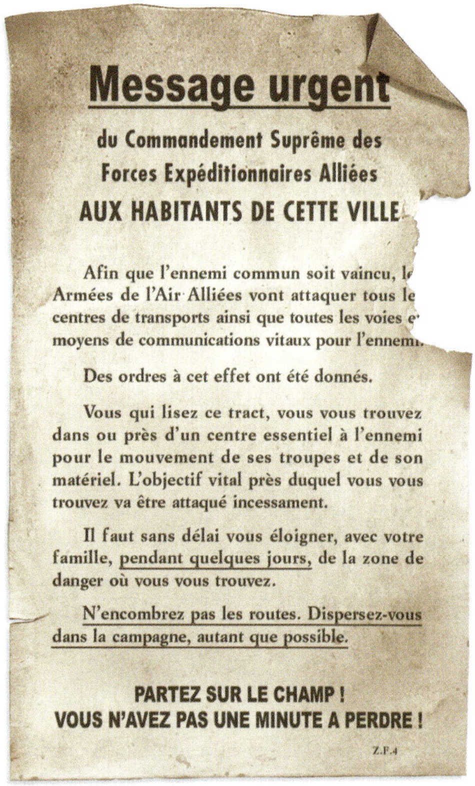
Message urgent

du Commandement Suprême des Forces Expéditionnaires Alliées

AUX HABITANTS DE CETTE VILLE

Afin que l'ennemi commun soit vaincu, l
Armées de l'Air Alliées vont attaquer tous le
centres de transports ainsi que toutes les voies e
moyens de communications vitaux pour l'ennem

Des ordres à cet effet ont été donnés.

Vous qui lisez ce tract, vous vous trouvez dans ou près d'un centre essentiel à l'ennemi pour le mouvement de ses troupes et de son matériel. L'objectif vital près duquel vous vous trouvez va être attaqué incessament.

Il faut sans délai vous éloigner, avec votre famille, pendant quelques jours, de la zone de danger où vous vous trouvez.

N'encombrez pas les routes. Dispersez-vous dans la campagne, autant que possible.

PARTEZ SUR LE CHAMP !
VOUS N'AVEZ PAS UNE MINUTE A PERDRE !

Z.F.4

Avant de débarquer, les Alliés ont parachuté des tracts pour prévenir la population.

Le 6 juin 1944. Une péniche de débarquement canadienne s'approche des côtes normandes.

5 JUIN, opération « Neptune »

Le général Eisenhower confirme que le débarquement aura lieu le 6 juin, un jour plus tard que prévu, à cause du mauvais temps.
Dans la soirée, 5 000 navires font route vers les côtes normandes : c'est l'opération « Neptune ».
Les résistants français reçoivent des messages leur donnant le signal de saboter les voies ferrées et les lignes téléphoniques, et d'engager la guérilla. Les Alliés parachutent des tracts sur les villes de la côte pour demander aux habitants de quitter leur maison, à pied, en ordre dispersé. La radio anglaise, la BBC, diffuse plusieurs messages codés annonçant le débarquement, parmi lesquels ces vers de Verlaine : « Les sanglots longs des violons de l'automne bercent mon cœur d'une langueur monotone. »

Sur 80 km, les Alliés ont divisé la côte en cinq zones de débarquement : deux zones américaines (Omaha et Utah), deux zones anglaises (Gold et Sword) et une canadienne (Juno).

6 JUIN, le jour J (D-Day)

L'aube se lève sur un spectacle inouï

La mer est couverte de milliers de bateaux : bâtiments de guerre, navires de transport, péniches de débarquement. 300 000 hommes attendent à bord. C'est la plus grande opération militaire sur mer de tous les temps. Quelques heures auparavant, les bombes alliées ont pilonné les défenses allemandes, et 15 000 parachutistes américains ont été envoyés au combat. Les navires de guerre entrent en action.
Les *boys* (57 500 Américains, 53 815 Britanniques, 21 400 Canadiens et 177 Français) arrivent sur les cinq plages prévues afin de préparer le terrain pour le débarquement du matériel.

Le 6 juin, à l'aube. À Colleville (Omaha Beach), la première vague de soldats américains vient de sauter des péniches de débarquement.

Les soldats alliés doivent traverser les plages au pas de course, sous les balles des ennemis. Plus de 3 000 hommes vont mourir le 6 juin.

Pour les Allemands, la surprise est totale

Mais ils réagissent vite, et il faudra des heures de combats pour que les Alliés finissent par contrôler les plages. 11 912 tonnes de bombes ont été larguées. À Omaha Beach, secteur américain, on a frôlé le désastre. 1 000 hommes ont été tués. Au soir du 6 juin, appelé le jour le plus long, Overlord se solde par un demi-succès. Les Alliés ont bien pris pied sur le continent, mais ils ne contrôlent guère que les plages. Les villes de Caen, Bayeux et Cherbourg sont toujours aux mains de l'ennemi. On estime que le jour J a fait 10 000 victimes, dont un tiers de morts, parmi les soldats alliés.

QUEL RÔLE A JOUÉ LA RÉSISTANCE ?

Le rôle des résistants, sans être déterminant dans le succès du débarquement, a été très important. En plus du travail de renseignement, c'est le sabotage des voies ferrées et des lignes téléphoniques qui a le plus aidé les Alliés. Selon Eisenhower, les activités de la Résistance ont permis de réduire la durée de la guerre d'au moins neuf mois.

À Omaha Beach, le 6 juin. Les barges de débarquement américaines déchargent des tonnes de matériel lourd (blindés, camions...). Au-dessus d'elles, des ballons destinés à contrer les attaques aériennes.

Le 6 juin, à Juno Beach, des soldats canadiens sautent dans l'eau et s'élancent vers la plage.

À Sword Beach, le 6 juin, des soldats britanniques, allongés sur le sable, s'apprêtent à donner l'assaut contre les Allemands retranchés dans les fortifications en haut des plages.

La bataille
de Normandie

Le général anglais Montgomery, qui commande les armées terrestres d'Overlord, veut élargir les zones contrôlées par les Alliés et s'emparer de Cherbourg. Aux bombardements du jour J succèdent d'autres bombardements. Le 8 juin, les Alliés contrôlent une bande de terre de 15 km de large sur 50 km de long. Saint-Lô, Coutances, Vire, Lisieux, Caen disparaissent sous un déluge de bombes. La Normandie paie au prix fort la prochaine libération de la France. Les Américains prennent Cherbourg le 27 juin. Fin juillet, Avranches est libérée, ouvrant la route du Mans et de la Loire, où les Anglais progressent. Les Canadiens avancent vers le nord.

Saint-Lô, quelques jours après le débarquement. La ville a subi de nombreux bombardements.

Des soldats américains partent à l'attaque dans une clairière normande, en juin 1944.

Vers la victoire

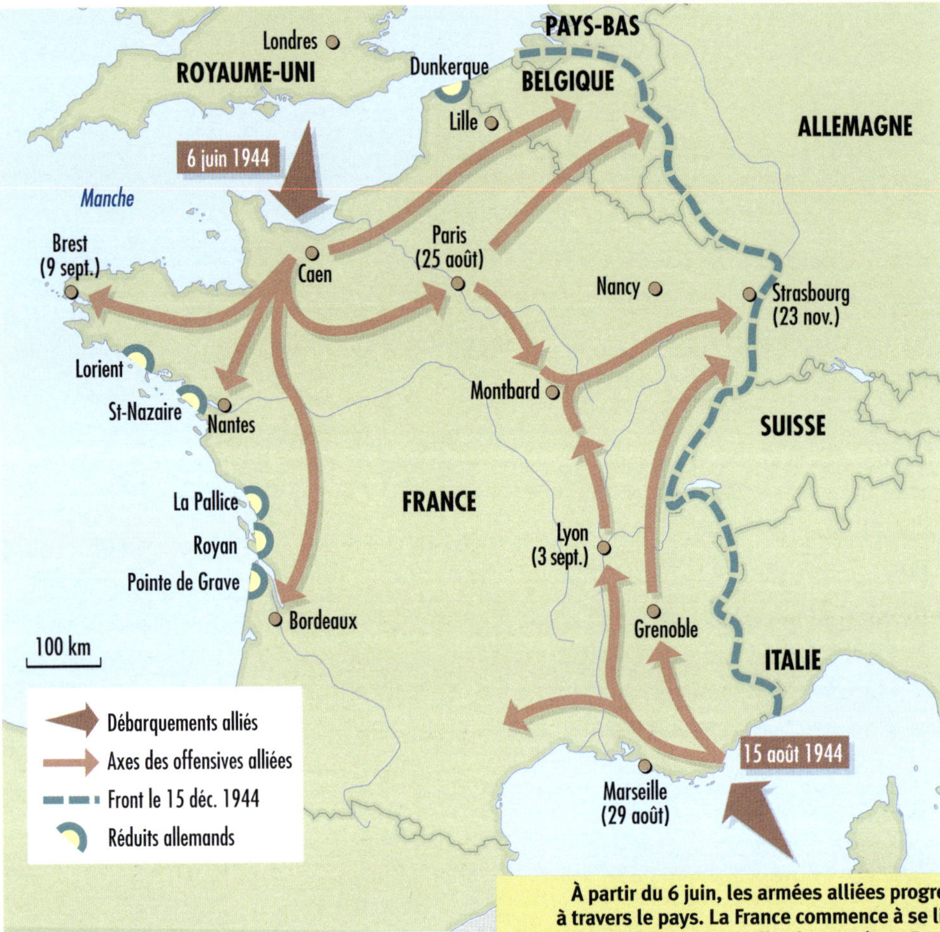

À partir du 6 juin, les armées alliées progressent à travers le pays. La France commence à se libérer. Un second débarquement a lieu le 15 août en Provence.

On commence à parler d'une victoire finale. Les armées alliées progressent à travers la France. Le général américain Patton atteint la Seine le 19 août, alors qu'une partie de ses hommes se bat en Bretagne. Le 24 août, la 2e division blindée française (qui a débarqué en Normandie le 1er août 1944), commandée par le général Leclerc, libère Paris. L'épopée du débarquement a bien ouvert la voie à la capitulation allemande, mais les combats ont été meurtriers. Le prix à payer en vies humaines a été lourd. 37 215 soldats alliés et 80 030 Allemands sont enterrés en Normandie.

chronologie, LES GRANDES ÉTAPES DE LA LIBÉRATION

Août 1943 : Roosevelt et Churchill décident de lancer une opération de débarquement en Normandie.

Septembre 1943 : Libération de la Corse.

6 JUIN 1944 : jour J

- **Avant 1h du matin :** parachutage d'éclaireurs sur le Cotentin ; début des bombardements ; prise des ponts de Ranville et Bénouville.
- **De 1h30 à 3h30 :** largage massif des parachutistes.
- **4h30 :** libération de Sainte-Mère-Église.
- **5h :** les forces navales arrivent sur la côte.
- **6h :** bombardement des défenses allemandes.
- **6h30 :** heure H, débarquement de soldats américains à Omaha Beach.
- **7 à 8h :** assaut sur la pointe du Hoc. Débarquement sur les plages Gold, Sword et Juno.

8 juin : libération par les Britanniques de la première ville, Bayeux.

14 juin : arrivée du général de Gaulle en Normandie.

26 juin : prise du port de Cherbourg par les Américains.

9 juillet : libération de Caen par les Britanniques.

1er août : débarquement en Normandie de la 2e DB du général Leclerc. Libération de la Bretagne.

15 août : débarquement franco-américain en Provence.

25 août : libération de Paris.

28 août : libération de Marseille.

23 novembre : libération de Strasbourg.

8 mai 1945 : signature de la capitulation allemande.

Index DES COMMUNES NORMANDES ET DES LIEUX-DITS

Index DES NOMS DE PERSONNES

Index GÉNÉRAL

TABLE DES MATIÈRES

DANS LA MÊME COLLECTION

J'ai vécu les camps de concentration

À paraître :

J'ai vécu la guerre d'Algérie

J'ai vécu la Première Guerre mondiale